El proyecto arquitectónico

Fernando Boix
Adriana Montelpare

El proyecto arquitectónico

Enseñanza y práctica de las estrategias proyectuales

Colección UAI - Investigación

Boix, Fernando
El proyecto arquitectónico : enseñanza y práctica de las estrategias proyectuales / Fernando Boix y Adriana Montelpare . - 1a ed. - Buenos Aires: Teseo; Universidad Abierta Interamericana, 2012.
172 p. ; 20x13 cm. - (UAI - Investigación)
ISBN 978-987-1867-11-0
1. Arquitectura.Enseñanza. . I. Montelpare , Adriana II. Título
CDD 720

© UAI, 2012

© Editorial Teseo, 2012

Teseo - UAI. Colección UAI - Investigación

Buenos Aires, Argentina

ISBN 978-987-1867-11-0

Editorial Teseo

Hecho el depósito que previene la ley 11.723

Para sugerencias o comentarios acerca del contenido de esta obra, escríbanos a: **info@editorialteseo.com**

www.editorialteseo.com

UNIVERSIDAD ABIERTA INTERAMERICANA

Autoridades

Rector: Dr. Edgardo Néstor De Vincenzi
Vice-Rector Académico: Dr. Francisco Esteban
Vice-Rector de Gestión y Evaluación: Dr. Marcelo De Vincenzi
Vice-Rector de Extensión Universitaria: Ing. Luis Franchi
Vice-Rector Administrativo: Mg. Rodolfo N. De Vincenzi
Decano Facultad de Arquitectura: Arq. Gloria Diez
Director Regional Rosario
Carrera de Arquitectura: Arq. Emilio Farruggia

Comité editorial

Lic. Juan Fernando Adrover
Arq. Carlos Bozzoli
Mg. Osvaldo Barsky
Dr. Marcos Córdoba
Mg. Roberto Cherjovsky
Mg. Ariana De Vincenzi
Dr. Roberto Fernández
Dr. Fernando Grosso
Dr. Mario Lattuada
Dra. Claudia Pons
Dr. Carlos Spector

Los contenidos de libros de esta colección cuentan con evaluación académica previa a su publicación.

PRESENTACIÓN

La Universidad Abierta Interamericana ha planteado desde su fundación, en el año 1995, una filosofía institucional en la que la enseñanza de nivel superior se encuentra integrada estrechamente con actividades de extensión y compromiso con la comunidad, así como con la generación de conocimientos que contribuyan al desarrollo de la sociedad, en un contexto de apertura y pluralismo de ideas. En este marco, la Universidad ha decidido emprender junto a la editorial Teseo una política de publicación de libros, con el objetivo de fomentar la difusión de los resultados de investigación de los trabajos realizados por sus docentes e investigadores y, a través de ellos, contribuir al debate académico y al tratamiento de problemas relevantes y actuales de la sociedad. El contenido de estas obras no expresan opinión o posición institucional, sino exclusivamente la de los autores de las obras, respetando los principios de libertad de pensamiento creativo y de rigurosidad académica promovidos por la Universidad Abierta Interamericana.

La *colección investigación Teseo-UAI* abarca distintas áreas del conocimiento, reflejando tanto la diversidad de carreras de grado y posgrado dictadas por la institución académica en sus diferentes sedes territoriales, como las líneas estratégicas de investigación programadas por sus facultades y centros de altos estudios. De esta forma, las temáticas desarrolladas se extienden desde las ciencias médicas y de la salud, pasando por las ingenierías y tecnologías informáticas, hasta las ciencias sociales y humanidades.

El modelo o formato de publicación elegido para esta colección merece ser destacado, en la medida en que posibilita un acceso universal a sus contenidos: los libros se distribuyen por la vía tradicional impresa –en determinadas librerías– y por nuevos sistemas globales, tales como la impresión a pedido en distintos continentes, la descarga de *eBooks* a través de tiendas virtuales y la difusión web de sus contenidos gracias a Google Libros, entre otras bases y buscadores.

Con esta iniciativa, la Universidad Abierta Interamericana ratifica una vez más su compromiso con una educación superior que mejore su calidad en un proceso constante y permanente, así como con el desarrollo de la comunidad en la que se encuentra inserta, desde el plano local al internacional.

Dr. Mario Lattuada
Secretaría de Investigación
Universidad Abierta Interamericana

ÍNDICE

Presentación 9

Agradecimientos 15

Introducción general 19
    La investigación y sus objetivos 19
    Compromiso y complicidad 21

El ambiente pedagógico
en la enseñanza del proyecto 25
    El ambiente del taller de arquitectura 33
    Aprendizaje y creatividad 36

La arquitectura como saber productivo 41
    Noción de proyecto 44
    Ecuación proyectual 45
    Ideas arquitectónicas 46
    Programa arquitectónico 47
    Estrategias proyectuales 50
    Tácticas de desarrollo 59
    Argumentos arquitectónicos 60
    Lecturas proyectuales 61
    Arquitectura y proyecto 65

Diferentes fases y lenguajes del proceso proyectual 67
    El proceso proyectual y los instrumentos de actuación 71
    El lenguaje gráfico en el proceso proyectual 73

El lenguaje de modelos espaciales en la propuesta
proyectual 77
El lenguaje verbal en la propuesta proyectual 80
El lenguaje gestual en la propuesta proyectual 81

La conducción del proceso proyectual 95
Estrategia didáctica para la enseñanza de las
estrategias proyectuales 100
Los momentos iniciales: expectativas y curiosidad 108
Comenzando el recorrido: luces y penumbras 110
Las búsquedas: introspección y prevención 114
El alumbramiento: definiciones y satisfacciones 116
El desarrollo del proyecto: ajustes y reelaboraciones ... 118
La exteriorización del proyecto: demostraciones y
reflexiones 125

**El proyecto como aprendizaje / el aprendizaje del
proyecto** 133
La gestión docente 136
La gestión del alumno 139
Consecuencias que involucra la posición que se
sustenta 139
Frente a la enseñanza de la arquitectura 140
Temas versus aprendizaje 142

**Anexo
Pautas para la fundamentación del trabajo proyectual** .. 155
Una deuda con los estudiantes 155
Preparar el examen 156

Origen de las ilustraciones 167

Los autores 169

Todos los proyectos de arquitectura presentados pertenecen al desarrollo del curso de Diseño Arquitectónico II de la Facultad de Arquitectura de la Universidad Abierta Interamericana sede Rosario. Se deja constancia de que la finalidad específica de las citas de autores tiene exclusivamente como orientación la enseñanza y la actividad académica.

AGRADECIMIENTOS

A las autoridades de la Universidad Abierta Interamericana, por habilitar la posibilidad de concretar este trabajo.

A los alumnos de los cursos de Diseño Arquitectónico II de la Facultad de Arquitectura de la sede Rosario de la UAI, cuyos trabajos y actuaciones viabilizaron estas reflexiones.

A Carla Stangaferro, por su coparticipación en este proyecto.

Por nuestra condición de arquitectos y docentes no podemos evitar el desafío de realizar una fascinante tarea: intentar mover la piedra del conocimiento, sabiendo que por ello recibiremos la irremediable condena de estar inmersos en un magma de dudas, pero amarrados firmemente a precarias convicciones. De manera irónica, esta tarea que nos impulsa a soñar también nos obliga a una permanente vigilia.

Los autores

INTRODUCCIÓN GENERAL

La investigación y sus objetivos

Este libro es el resultado de la investigación iniciada formalmente por los autores en el año 2006. Analiza y reflexiona sobre el trabajo de alumnos y docentes en los cursos iniciales del aprendizaje del proyecto en el taller de arquitectura. Su desarrollo está focalizado en la asignatura Diseño Arquitectónico II de la Facultad de Arquitectura de la Universidad Abierta Interamericana, sede Rosario. La hipótesis de la investigación puede condensarse en este reclamo del Arq. Javier Seguí de la Riva, catedrático en la Escuela Técnica Superior de Arquitectura de la Universidad Complutense de Madrid.

Siempre hemos pensado que parecía una atrocidad que las Escuelas de Arquitectura, que dedican la mitad de su tiempo y sus mejores recursos humanos al aprendizaje del proyectar arquitectura, no produjeran teorías del proyecto o, al menos, discursos públicos acerca del proyectar, que provocaran el debate abierto sobre esta tarea esencial que es el fundamento y la justificación de las enseñanzas que imparten.[1]

El propósito central de este trabajo es fundamentar la teoría y técnica de la acción proyectual y su enseñanza, particularmente en las etapas iniciales de la carrera. Por ello, un primer objetivo de las tareas desarrolladas fue indagar sobre la experiencia en el taller de arquitectura, observando a sus actores, registrando actitudes, examinando

---

[1] Seguí de la Riva, Javier, "Escritos para una introducción al proyecto arquitectónico", en *Coloquio Teoría de la Arquitectura y Teoría del Proyecto*, Jorge Sarquis (comp.), Buenos Aires, Editorial Nabuko, 2007, p. 118.

y evaluando las múltiples actuaciones que se desarrollan en este espacio de aprendizaje; y un segundo objetivo fue aportar y sugerir posibles superaciones a las condiciones percibidas.

El trabajo, por su naturaleza, no puede sustraerse de fijar una postura frente a la enseñanza del proyecto, y tampoco puede ocultar su trasfondo polémico, ya que se ha considerado que opiniones y tendencias sobre la arquitectura y su aprendizaje forman parte ineludible de esta indagación.

Para afrontar la teoría y práctica de la enseñanza de la arquitectura fue necesario abordar la noción de *proyecto* como concepto esencial, imprescindible, y las definiciones de estrategias y tácticas como instrumentos ineludibles de la dinámica proyectual. De este modo, el trabajo trasciende el campo operativo o pedagógico para instalarse como una posición sobre la arquitectura como disciplina.

Durante el desarrollo de la investigación se realizaron dos tareas básicas:

- Se establecieron las definiciones fundantes del proyecto arquitectónico, enunciaciones que resultaron cruciales para esclarecer su universo teórico y tutelar las ulteriores acciones del trabajo.
- Se efectuaron exhaustivos registros de todos los momentos de trabajo y de las producciones realizadas. Las operaciones proyectuales desarrolladas en el aula fueron observadas minuciosamente en todas sus manifestaciones.

Las tareas fueron realizadas con pleno conocimiento de los alumnos; cada análisis que se elaboraba, cada conclusión que se lograba, fue comunicada tomando así "estado público". Se interpretó como necesario y útil "hablar de lo que pasa" en el taller.

EL PROYECTO ARQUITECTÓNICO

Esta actividad indagatoria no se plantea como un registro pasivo, sino como una revisión profundamente crítica en la que no faltan la experimentación, el debate y la confrontación, la socialización de los resultados y el cruce de diferentes miradas.

Compromiso y complicidad

Para dar legitimidad al trabajo, se consideró tanto aquello que hacían y decían los alumnos, como lo que hacían y decían los docentes en el taller: "Debimos aprender a escuchar y escucharnos, a ver y también a vernos a nosotros mismos".

Este fue un trabajo arduo, ya que se entendía que las respuestas no estaban allí, sino que debían buscarse, más precisamente: era inevitable producirlas. Se consideró la tarea como "aprender de la experiencia realizada"; en suma, producir conocimiento de lo actuado.

Los alumnos valoraron el hecho de que se estudiara permanentemente lo que hacían, de que se observaran los mínimos detalles, y además, apreciaron el compromiso con que se realizaba la investigación. Por ello colaboraron con entusiasmo y no negaron ni ocultaron su complicidad en la tarea en la que se sintieron coprotagonistas de una acción trascendente.

Las observaciones implicaban rever de manera crítica cada acto, cada actitud, definir cada dificultad. Se reconoció que no era una tarea simple, por ello se valoraron todos los acontecimientos de la actividad proyectual, dado que cualquier hecho establecía un punto de interés para explorar.

Como un sismógrafo, se registraron estas vibraciones, fuertes o débiles, dado que ellas se consideraron señales de acontecimientos a estudiar. No importaba su rango aparente, sino su indicación de variación, que de por sí se reconoció como una señal de novedad, y por lo tanto, como un punto de atención.

A partir de las conclusiones de este estudio, se reconoce que el verdadero vínculo que relaciona al alumno y al docente no solo tiene que ver con cuestiones pedagógicas generales, sino además con aquellas específicamente relacionadas con el proyecto arquitectónico, y por ello, este trabajo transita de un modo fundamental sobre la complejidad de la enseñanza de la dinámica proyectual, e intenta esclarecer su campo de acción.

El trabajo aborda cuestiones teóricas sin descuidar el plano de las acciones concretas. Por ello se compromete con un rol propositivo y necesariamente define una posición frente al proyecto.

Una clave importante del trabajo es que reconoce que la enseñanza de la arquitectura no tiene una modalidad genérica, sino que requiere un específico tratamiento en los distintos ciclos de formación. Estas observaciones tratan de brindar una mirada que ayude a los alumnos con precaria experiencia teórica y práctica en el campo del proyecto arquitectónico y a los docentes noveles que inician su formación pedagógica para operar con más confianza en la tarea conjunta de enseñar y aprender.

En el transcurso de la investigación se clarificaron algunos aspectos disciplinares que resultaron útiles para rever en la acción docente el modo de acceso al conocimiento proyectual. A pesar de que el texto define y transita en muchos momentos sobre aspectos pedagógicos, en realidad su verdadero contenido se asienta en definiciones y fundamentaciones del proyecto arquitectónico, lo que justifica su título.

Existe un ineludible compromiso entre la concepción disciplinar que se sustenta y la actuación pedagógica que se propone para alcanzarla. Se puede afirmar que la investigación sobre el proyecto ha sido, es y debe ser una permanente preocupación, tanto en los procesos educativos, formativos, como en las acciones concretas de profesionales responsables.

Adriana Davidovich y Daniel Viú reconocen esta particular atracción:

Uno de nuestros objetivos recurrentes a través del tiempo ha sido, y sigue siendo, resolver y profundizar problemas específicamente arquitectónicos, aunque aparezca como perogrullada, valga para equilibrar, en los tiempos que corren, el discurso extradisciplinario que ha tornado a invadir nuestro territorio. El proyecto de arquitectura como objeto excluyente de investigación es para nosotros UNA INQUIETUD OBSESIVA.[2]

Las conclusiones preliminares del trabajo han sido presentadas en congresos nacionales e internacionales, tanto disciplinares como pedagógicos, y los resultados no suponen una obra concluida sino un aporte para el debate: un material para ser juzgado, completado o revisado.[3] La propuesta que se publica trata de optimizar las complejas acciones en la tarea docente y está especialmente planteada como una contribución, un necesario y legítimo tributo a los alumnos, motores fundamentales en el proceso integral del acto educativo. Ha conservado su carácter de reflexiones en el taller, lo que implica reiteraciones e inevitables extensiones de las explicaciones de unos pocos pensamientos que son determinantes de la totalidad, porque como dice Martin Heidegger, en cada cosa sabida se oculta algo digno de pensarse, y en lo que se repite se piensa dos veces.

---

[2] Davidovich, A y Viú, D., "El proyecto de arquitectura como objeto excluyente de investigación", *Revista AyP*, núm. 11/12, Rosario, Ediciones FAPyD, 1996, p. 21.

[3] Este libro es una derivación de la investigación realizada, no sintetiza la experiencia sino que la replantea desde las conclusiones obtenidas.

EL AMBIENTE PEDAGÓGICO
EN LA ENSEÑANZA DEL PROYECTO

A pesar de los estudios ya realizados por reconocidos autores sobre la pedagogía en el taller de arquitectura, estas reflexiones no pueden excluir un análisis sobre este lugar de aprendizaje. Interesa especialmente reconocer las acciones de docentes y alumnos como así también proponer una particular visión de este espacio y del modo específico de operar en él, con la convicción de que manifestará un aporte en un campo controversial y polémico, aceptando que es arriesgado pero ineludible argumentar algunos replanteos.

Estas reflexiones implican, necesariamente, múltiples experiencias vividas en el taller de arquitectura que han sido consideradas y debatidas durante varios años de práctica en la docencia, en las que no están ausentes recuerdos personales de vida como alumnos. Por lo tanto, constituyen un aporte para quienes se preguntan sobre su tarea en el taller de arquitectura y tengan genuinas preocupaciones por explorar caminos para desarrollarla.

En la enseñanza del proyecto arquitectónico, el aula como espacio físico-ambiental es un lugar social, de intercambio y participación. El modo de entender el aula define el carácter del espacio intelectual que en ella se genera y deviene en una condición de vida. Por ello, el taller es el ambiente necesario, el caldo de cultivo para que la relación enseñanza-aprendizaje pueda prosperar. Su definición será punto de referencia de las acciones del docente y del alumno, y determinante de la formación. Ambos quedan inmersos en el ámbito de ese espacio; su condición y sus oportunidades quedan también atrapadas en él.

Este ámbito puede ser el motor de excepcionales acciones, habilitará caminos insospechados y otorgará viabilidad a propósitos valiosos. Pero también una inadecuada configuración física o conceptual significará oportunidades frustradas, capacidades inhibidas, imperceptibles prohibiciones y penosas limitaciones.

El diseño del taller signará el aprendizaje. La espacialidad y la disposición del equipamiento definen las posibles relaciones interpersonales e influyen de un modo definitivo sobre sus actores. La estructura espacial, la forma, la luz, la disponibilidad de equipamientos, los dispositivos didácticos marcarán las alternativas de trabajo y las opciones para la acción. Sus diferentes configuraciones autorizarán o impugnarán posibles estrategias pedagógicas que deben ser consideras por los arquitectos que la diseñan y por los actores, los alumnos y los docentes que las utilizan.

Pero también se debe admitir que hay otro sentido no menos significativo: el taller definido como ambiente de trabajo, instalado como espacio formativo. Interesa analizar la concepción pedagógico-cultural del taller, particularmente referida a la enseñanza del proyecto de arquitectura. Renombrar el taller, como espacio operativo, será otorgarle un sentido a las acciones del alumno y a la praxis docente.

Desde un juego de metáforas se explican estas múltiples configuraciones del ambiente de trabajo y la resonancia que generan en la relación entre enseñanza y aprendizaje.

 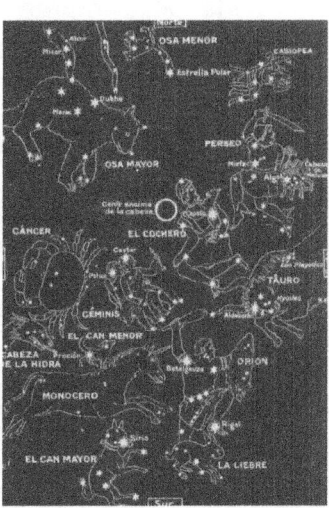

El taller entendido como un *observatorio* de problemas. La mirada macro permitirá descubrir el universo que habitamos. El telescopio como instrumento: la búsqueda paciente, la constante observación, la expectativa de encontrar un nuevo universo, de un suceso cósmico inesperado. Los descubrimientos de nuevos horizontes que proporcionen una conciencia superior a la mirada cotidiana. Entender las leyes que gobiernan a los astros y sus ciclos que en su regularidad hablan de estructuras y relaciones. Reconocer la existencia de normas, conductas, métodos que se conjugan en el complejo mundo que nos rodea.

El taller entendido como un *laboratorio* de análisis y de experimentación. Un espacio para ensayar alternativas y propuestas. El microscopio como instrumento: el examen minucioso, donde se analizan, se identifican y se clasifican elementos. La mirada micro permite el paciente estudio del detalle, el placer de valorar lo pequeño. El valor del ajuste y la precisión en el trabajo proyectual.

El taller entendido como una *usina* productora de energía, conocimiento y valores. El lugar donde el trabajo se potencia, se carga de vitalidad y arrojo para encontrar soluciones originales. Provee la fuerza para sostener la osadía de transgredir, proporciona tenacidad para desafiar los límites en una acción renovadora, la pulsión que permita superar las debilidades. El taller es un espacio, un campo energético intensamente movilizador.

El taller entendido como un *gimnasio,* un lugar que no puede prescindir del esfuerzo personal. El lugar donde las prácticas y ejercicios grupales involucran íntimas e ineludibles responsabilidades individuales, donde se demanda el mayor rendimiento de las condiciones personales.

Las rutinas como un modo de adquirir un método de trabajo y de estudio, desarrollar una disciplina. Será el lugar donde se forjan el cuerpo y la mente, las habilidades y los conocimientos.

EL PROYECTO ARQUITECTÓNICO

El taller entendido como una *cantera* donde se extrae un precioso material: las diversas experiencias y estrategias proyectuales. Un yacimiento, una mina para explorar. El lugar donde se obtienen y trabajan los elementos en bruto. La intrigante aventura de recorrer galerías abandonadas, la obstinada tarea de perseguir el sinuoso pero no caprichoso recorrido de las vetas fecundas. El recóndito placer de revelar lo hermético, descubrir y recuperar valores atesorados. Un trabajo en las profundidades, en el inconsciente, sacar a luz lo oculto, descubrir nuestro interior.

El taller como una *factoría* de trabajo integrador, modelador de una franca relación entre la teoría y la práctica. Un lugar de tareas que obligan a poner en acto la teoría y en donde la reflexión sobre práctica generará conceptos que se constituyen en teoría.

Es el lugar en el que se arman y desarman aparatos, se ensayan propuestas, se comprueban los mecanismos, se intercambian y ajustan las piezas en las máquinas. Un banco de prueba para las propuestas, en el cual se aceitan o reemplazan engranajes.

Es allí donde se despliega la dinámica del trabajo grupal, las acciones coordinadas, se consolida el trabajo de equipo y se intercambian experiencias. Un lugar en el que se afianzan las ideas, se comparten aprendizajes y por lo tanto se socializa el conocimiento.

Bajo estas miradas la tarea en el taller será productiva para docentes y alumnos, generará un clima de libertad, otorgará lugar al debate y a la investigación, convocará a un ambiente fecundo que dé lugar a la creatividad y educará en un sentido amplio. En estos escenarios será posible adquirir una formación académica sólida, responsable y forjar imprescindibles actitudes de compromiso profesional.[4]

El ambiente del taller de arquitectura

Es importante crear en el taller un ambiente receptivo al cuestionamiento, tolerante a las nuevas ideas y flexible a las sugerencias, que incentive la experimentación y favorezca el autoaprendizaje. Es necesario ofrecer un clima de seguridad para indagar, unas condiciones propicias para agudizar la sensibilidad, y escenarios aptos para que el individuo se involucre en su trabajo proyectual. Estas coyunturas crearán el marco adecuado para el desarrollo del alumno; particularmente lo habilitarán para instalar su propio clima, su personal ambiente para producir arquitectura.

"No se puede enseñar arquitectura a quien no la valore".
FNB

---

[4] Resulta oportuno analizar la interpretación del taller que realiza la CONEAU: "La modalidad de taller, característica de la carrera de Arquitectura, constituye una experiencia de enseñanza y aprendizaje realizada en un ámbito, de forma grupal, que involucra la interacción entre docentes y estudiantes. Las actividades de proyecto, correcciones grupales, clases específicas, elaboración de conclusiones, se constituyen en formas específicas de construcción del conocimiento socializado y un ejemplo típico del 'estudio de casos'. El taller es un espacio de producción y de reflexión permanente, no solo sobre el propio producido, sino también sobre la disciplina y el trabajo profesional en sentido amplio. Su rol esencial es producir, a partir del proyecto, la síntesis de los conocimientos que adquiere el alumno".

Esta aseveración resulta absolutamente verificable. El carácter creativo, propositivo y desafiante de la acción proyectual no puede lograrse sin una fuerte dosis de convencimiento, interés y motivación. Por ello, el docente debe promover estas actitudes, hablar sobre ellas, estimular y predisponer al alumno para asumir las conductas básicas que implica este tipo de aprendizaje.

El debate no debe estar ausente: aprender a fundamentar, sostener posiciones, comparar y utilizar la crítica para poner a prueba las propuestas es un ejercicio indispensable en el taller. El rol del docente es importante, ya que debe otorgar al alumno las herramientas necesarias para estas contiendas.

El ambiente del taller debe ser proclive al reconocimiento de los pequeños hallazgos, estimulante y motivador para encontrar propuestas novedosas, ensayar ideas infrecuentes a los problemas que se plantean, promover la curiosidad por el camino de la indagación persistente.

Para producir en el taller de arquitectura es necesario introducir una tensión que pueda desplegar las potencialidades del alumno, sin que ello se convierta en un exceso de ansiedad que puede desencadenar angustia o desasosiego. En los procesos de aprendizaje, es una responsabilidad docente saber dosificar el estímulo.

El docente debe procurar no excederse en la demanda, dado que el alumno no podrá responder a lo solicitado y se considerará incapaz de resolver el problema. Esto le generará un conflicto interior y creerá que es una falencia personal, ignorando que no es responsable de su tribulación. No pocas veces las frustraciones del alumno se construyen sobre errores docentes en el diseño de las ejercitaciones solicitadas. Por ello, el desafío es formular una propuesta pedagógica estimulante que no plantee metas excesivamente lejanas, poco accesibles para el alumno.

Resulta previsible que la actividad proyectual, en tanto propositiva, implique la permanente toma de decisiones, provoque un inevitable estado de angustia o genere un exceso de inquietud. Para evitar que ello resulte negativo, el docente debe construir un campo estimulante y sugerente, pero controlado para que el inicio del proyecto resulte atractivo y comprensible.

El alumno debe interpretar y reconocer que los problemas que propone un proyecto no son piedras para tropezar, sino trampolines para saltar. Transformar un problema en una propuesta es una capacidad que el alumno debe desarrollar, y para ello es importante entender que sin desafíos no se crea el necesario campo energético donde surja la chispa que lo pueda detonar.

Corresponde al docente respetar los tiempos de desenvolvimiento que las fases propositivas demandan. Los tiempos de maduración deben ser atendidos y ellos dependen no solo del problema que se plantea, sino también del modo en que el alumno propone resolverlo. Cada alumno tiene sus propios tiempos, que deben ser considerados, comprendidos y acompañados por el docente.

Para que estas experimentaciones resulten fecundas es necesario que el alumno comprenda que debe fijar puntos de acción, establecer propósitos y objetivos evitando que su proyecto "navegue a la deriva". Sin un horizonte relativamente claro, sin ideas de proyecto, no es posible avanzar. No es necesario que estas nociones estén plenamente desarrolladas desde el inicio. Se debe reconocer que en un primer momento del proyecto son solo pequeños puntos los que iluminan las búsquedas.

Aprendizaje y creatividad

El proceso debe respetar el espacio creativo, la búsqueda de innovación. Este espacio requiere merodear lugares insólitos, otear horizontes desconocidos, y a riesgo de que muchas veces, en esta exploración, recorra atajos aparentemente estériles, será una necesaria incursión que dé valiosos réditos para la dinámica proyectual.

El taller de arquitectura es primordialmente "un lugar de aprendizaje", un espacio para la formación disciplinar. Desde esta definición queda diferenciado de otras connotaciones y definiciones que suelen hacerse; como por ejemplo, "el lugar de la creación". Esta diferenciación es crucial.

El valor de la creación en la práctica proyectual es innegable, pero muchas veces origina una confusión con los objetivos del aprendizaje, una equivocación que ha originado desvíos pedagógicos muy graves: supone que la práctica proyectual en el taller, en el ciclo inicial, debe ser una tarea absolutamente personal del alumno y realizada desde un estado de pureza o inocencia que le permita una creación absoluta, individual. Es decir, una realización sin precedentes, y ante todo no contaminada por la intervención del docente.

En primer lugar, la creación pura es ejercida por muy pocos, a veces solo por genios o por personas que luego de una formación consistente llegan a propuestas originales. En segundo lugar, exigir una originalidad extrema al alumno inexperto es conducirlo a la extravagancia y la excentricidad, carente de reflexión; es descolocarlo con respecto a su temprano nivel de formación, por cuanto no tiene anclaje en la disciplina. Aun cuando se lo considere como una "experiencia productiva", estas propuestas, por lo general fundadas en extremas libertades que operan sobre un campo disciplinar muy débil, tienen resultados con pocas posibilidades de instalarse como un genuino aprendizaje proyectual.

Una creación arquitectónica plenamente válida no es una afloración espontánea, improvisada; surge sobre una base de conocimientos y un bagaje de saberes que habilitan a pensar y a repensar, replantear lo conocido y formular nuevas alternativas. Esto demanda una capacidad de juicio que permita hacer propuestas y evaluar la selección. Los primeros pasos en el aprendizaje del alumno serán entonces el inicio de una construcción, sobre experiencias prácticas clarificadas por la conceptualización y fundamentación permanente de cada acción, desde las cuales será posible saltar hacia un nuevo horizonte.

Rafael Iglesia afirma en una entrevista: "Los arquitectos no creamos. Descubrimos, interpretamos, a veces procreamos. La creación es tarea de los dioses".[5] Se conjetura que para incluir la creación en la dinámica proyectual es necesario liberarse de todo conocimiento anterior, pero esto no es posible ni conveniente. En general, la creación se ha dado sobre la ruptura de lo precedente, y esto queda demostrado en las experiencias de los grandes pintores, escultores, arquitectos, etc.

Norberto Chaves sostiene que "la creación *ex novo*, de la nada, es sinónimo de barbarie. De la creación *ex novo* se debe hablar como de una verdadera catástrofe. Sobre todo en educación... La creación *ex novo*, sin abrevar de las fuentes de la cultura, tiene que ver con la falta de respeto por los antecedentes, como si viniéramos por generación espontánea".[6]

---

[5] Iglesia, R., "La gravedad tiene su peso", en *Revista 90 más 10*, núm. 17, Buenos Aires, junio de 2008.

[6] Chaves, N., "La cultura ausente", en *Contexto 6+7*, Buenos Aires, FADU, primavera-verano de 2001.

Afirmación que se refuerza con la expresión de Giorgio Grassi: "No existe una arquitectura que niegue el pasado u otra arquitectura que le haya precedido; no hay arquitectura que emerja sin exaltar al mismo tiempo todo lo que ella parece superar".[7] Bastaría analizar cómo Le Corbusier, uno de los grandes creadores del siglo XX, formuló sus propuestas renovadoras luego de realizar un extraordinario estudio de notables obras del patrimonio arquitectónico, de elaborar un atento análisis sobre teoría de la arquitectura en la lectura de célebres tratados, y de concretar metódicas exploraciones y relevamientos de obras del pasado. Sus famosos cuadernos de viaje son testimonio de estas experiencias.

"*Originalidad consiste en acercarse, en retornar al origen*".
Antonio Gaudí[8]

Existe en algunos docentes de cursos iniciales la premura de avanzar sobre "caminos novedosos", y también hay alumnos con una marcada intencionalidad de trabajar sobre la originalidad, intentando en muchos casos propuestas que no pueden controlar. Operan un insuficiente número de variables, y en su intento de romper normas que aún no conocen en profundidad, abordan problemas formales, estructurales o de significación sin suficiente justificación o fundamentos disciplinares.

Transgredir es un acto voluntario, deliberado. Si se "transgrede" sin conocer las normas no es transgresión. Por ello, para crear es necesario saber. Sería patético que "un creador", por ignorar el pasado, "inventara" lo que ya existe, o que se considerare creación al simple y elemental acto de no respetar las normas, lo que llevaría a la absurda

---

[7] Grassi, G., *La arquitectura como oficio y otros escritos*, Barcelona, Gustavo Gili, 1980.
[8] Véase Bassegoda Nonel, Juan, "Conversaciones de Gaudí con Juan Bergós", *Hogar y Arquitectura*, núm. 112, Madrid, mayo y junio de 1974.

conclusión de que cualquier error deviene automáticamente en un hecho de innovación.

El objetivo de la *creación* suele ser lograr la novedad, y en su extremo, la ansiada "invención pura" recusa la tradición y consecuentemente desconfía de la contaminación que pueda surgir del aprendizaje. En cambio, el objetivo del *aprendizaje* del proyecto es la adquisición de teorías y técnicas proyectuales que implican el dominio de estrategias que habiliten al alumno a desarrollar su actividad propositiva creadora. Estos enfoques determinan dos mundos pedagógicos distintos.

Desde el aprendizaje, la creación no es el lugar del cual se parte, sino el resultado al cual se arriba. Pero aun así, no se trata de descartar uno en relación con otro, ya que no consisten en pares antagónicos (creación vs. aprendizaje). Es prioritario definir cómo debe proponerse un adecuado aprendizaje creativo.

Lo importante del enfoque del taller como lugar del aprendizaje es que esta definición no solo contiene espacios para la creación, sino que además, esencialmente, provee herramientas, momentos y experiencias que dotarán al alumno de instrumentos y conocimientos útiles en su progresiva formación. Por ello, a medida que el alumno avanza en su conocimiento de la arquitectura y en su práctica proyectual, tendrá la posibilidad de avanzar y conquistar con mayor seguridad espacios de creatividad.

Por otra parte, negar el espacio de la creatividad en el aprendizaje del proyecto es tergiversar su sentido y corromper sus objetivos. Como así también abandonar al alumno a la búsqueda de la creatividad, sin un horizonte y sin un contexto de formación y experimentación necesario para la actuación proyectual, es cuanto menos una actitud displicente en la práctica docente.

La creación es estimulante, excitante y hasta se puede decir autocomplaciente. No puede faltar en la actividad proyectual; actividad esencialmente inquieta, provocadora y transgresora, por ello demanda una cierta dosis de coraje.

La formación en la disciplina del proyecto requiere libertad, pensamiento lateral, espacio para el azar pero no menos necesario es contar con instrumentos, conocimientos, capacidad de juicios sin los cuales no sería posible operar de manera acreditada en las instancias que demanda la producción arquitectónica.

En relación con la actividad creadora, cabe mencionar a Vygotski, quien reconoce en el hombre dos tipos básicos de impulsos: "Uno relacionado directamente con nuestra memoria, que permite reproducir fielmente normas de conducta ya creadas; el otro, sustentado en el anterior, favorece la creación a partir de la reelaboración o combinación de las experiencias del pasado. La primera es denominada función reproductora y la segunda es la función creadora".[9] Así, la creación es tomada como una actividad que no sale de la nada, ni parte de un orden sobrenatural fuera de lo cultural y lo social.

---

[9] Valle, D., "La representación en el arte". Disponible en línea: http:www.pensarsm.com.ar/pensar/art17.htm.

LA ARQUITECTURA COMO SABER PRODUCTIVO

El aprendizaje del proyecto tiene sentido en la acción, no es una mera acumulación o colección de conocimiento teórico. Es la construcción de un abordaje integrado, que debe efectuarse a partir de la resolución de problemas. No es un saber abstracto, se aprende en la acción concreta, adquiriendo y ejerciendo el "saber hacer", que implica el "saber *en* el hacer". Una construcción del conocimiento que no debe estar exenta de la práctica que lo pone en acto. Es un saber que se adquiere y se perfecciona en el hacer utilizando significativamente los instrumentos específicos del trabajo proyectual.

No se aprende a proyectar con diagramas de pizarrón o con mapas conceptuales. Aquello que se considera necesario saber para un buen aprendizaje solo puede especificarse en función del logro de un trabajo proyectual. Es necesario poner de manifiesto que existe una compleja interdependencia entre conocimiento y acción proyectual.

Al respecto, Ludovico Quaroni, al referirse a la acción proyectual, habla de "una fuerza no descriptible, pudiendo solo conocerla, cada uno de nosotros, precisamente proyectando, entrando directamente, al hacer arquitectura, en lo vivo de la arquitectura misma, de la arquitectura en estado naciente: único modo de acercarse, para conocer y aprender, la realidad íntima de la proyectación".[10]

Es necesario distinguir entre *saber arquitectura* y *saber proyectar*. Se puede afirmar que saber arquitectura no

---

[10] Quaroni, L., *Proyectar un edificio. Ocho lecciones de arquitectura*, Madrid, España, Ediciones Xarait, 1987.

implica saber proyectar, pero queda claro que no se puede proyectar sin saber arquitectura.

Por ello, ejercer el proyecto es algo más que aprender arquitectura; es adquirir la teoría y la técnica de un saber hacer, extraordinariamente productivo. No se trata de un saber teórico, analítico, discursivo, que concluye en sí mismo, sino de un conocimiento para producir y por lo tanto para ser ejercido. La actividad proyectual tiene como destino producir proyectos, pero sería limitado y reductivo si no se entendiera que estas realizaciones son básicamente "producciones de conocimiento proyectual". El verdadero aprendizaje que deja esta acción proyectual no es lo que produce en lo inmediato, un determinado proyecto arquitectónico, sino el conocimiento que se adquiere a través de su práctica.

"Si no somos capaces de ver en nuestros proyectos de arquitectura una perspectiva de otros proyectos es que en realidad no hemos adquirido una formación en la disciplina".
FNB

Cada proyecto se constituye en un escalón de futuros proyectos, porque cada experiencia proyectual habilita a nuevos desafíos y brinda las bases a posteriores acciones, las que aportarán consecuentemente nuevos saberes, nuevos conocimientos.

De poco serviría la insistente práctica proyectual si no tuviera esta capacidad de conformar un acervo de conocimientos teórico-prácticos que capacite para actuar en próximos desafíos. Pero estos saberes no se congelan, porque desde el hacer, constantemente se replantean y transforman.

El ejercicio de esta práctica demanda una insoslayable actividad reflexiva sobre la arquitectura, por ello la producción concreta y la reflexión teórica son los pilares que debe promover toda práctica proyectual. Esto tiene mucha importancia en los procesos de aprendizaje, particularmente en los momentos de corrección, donde el avance del trabajo debe hacerse desde una fundamentación conceptual, de modo que aprender a proyectar es una tarea que no puede eludir el conocimiento y la reflexión sobre la arquitectura.

Pablo Fernández Lorenzo[11] considera indispensable someter las correcciones del trabajo a una crítica exhaustiva, analizar ventajas y alternativas. Los procesos de correcciones se convierten en una instancia propicia para la reflexión, en la que no se debe juzgar al autor, sino debatir el trabajo: un momento para aprender a pensar.

Se debe concluir entonces que realizar una actividad proyectual consistente significará adquirir mayor acopio de conocimientos y desarrollar pertinentes destrezas; afianzar y consolidar el saber arquitectónico y dominar con pericia sus operaciones de producción.

Si en la actividad proyectual se genera una producción concreta y específica donde se realizan operaciones, estas operaciones tienen normas y toda norma tiene su justificación.

"No hay práctica sin producciones, ni hay producción sin operaciones.
No hay práctica sin normatividad, ni hay norma sin justificación.
No hay operatividad productiva ni normatividad justificada sin efecto de significación".
Roberto Doberti[12]

Desde esta posición es imprescindible fijar los conceptos fundantes de la actividad proyectual, conceptos que

---

[11] Fernández Lorenzo, P., "Aprendiendo a pensar", *Pensar con las manos*, Buenos Aires, Nobuko, 2007.
[12] Doberti, R., Conferencia en el Ateneo Pedagógico 2005, Escuela Superior de Diseño de Rosario, julio de 2005.

constituyen las bases de toda reflexión y son las claves que permiten "colocar el trabajo en la disciplina" bajo consignas arquitectónicas, tener una clara comunicación interpersonal y superar el problema propuesto por Javier Seguí de la Riva:[13] "Quizás mientras no podamos describir o nombrar con palabras las operaciones que hacemos con dibujos o maquetas no será posible que tengamos conciencia de lo que hacemos cuando proyectamos". Estas definiciones son básicas, no solo porque conforman los conceptos que deben incorporar los alumnos de los cursos del ciclo básico, sino además porque son fundantes de todo trabajo arquitectónico; sin ellas la dinámica de actuación no tiene rumbo, viaja a la deriva. Por lo tanto, es imprescindible clarificar estos conceptos y desde ellos definir la carta de navegación de la acción proyectual. La finalidad de estas definiciones es centrar específicamente el trabajo en el proyecto tantas veces distorsionado y abstraído de reales preocupaciones disciplinares.

Noción de proyecto

Se define la noción de proyecto como la conjunción de todos los ejes conceptuales que incluye la disciplina: morfológico, distributivo, materialidad, adecuación al sitio, clima, etc., articulados recíproca y significativamente. Se considera que los aspectos que intervienen en la definición se integran de manera tal que cada uno de ellos es relevante, preeminente y substancial para con los otros.

Solo desde la noción de proyecto es posible alcanzar un consistente reconocimiento de una propuesta o una legítima valoración arquitectónica de una obra: su "intención de ser" en tanto arquitectura. Es decir que, desde la

---

[13] Seguí de la Riva, J., *op. cit.*, p. 117.

EL PROYECTO ARQUITECTÓNICO   45

noción de proyecto, se puede establecer si una propuesta o una obra se instala en el marco disciplinar. Como bien dice Javier de la Riva basándose en el pensamiento de J. A. Marina y en el de B. Berenison, "un proyecto es una irrealidad que va a tomar el control del comportamiento, asumiendo el papel de deseo, meta, fin u objetivo que se pretende lograr. Por eso es imposible separar la *noción de proyecto* de la de comportamiento en sentido genérico y de la acción en sentido específico".

Ecuación proyectual

La ecuación proyectual significa una aproximación mayor a la concreción del proyecto o al reconocimiento del objeto arquitectónico, en tanto implica establecer las relaciones pertinentes, ajustadas, entre todos y cada uno de los ejes conceptuales a considerar. Se determinarán las estructuras relacionales entre ellos, estableciendo vínculos tales que se intersignifiquen mutuamente dejando fuera todo indicio de simple sumatoria.

Mientras que la noción de proyecto tiene un carácter genérico e inclusivo, la ecuación proyectual es, en cada caso particular, exclusiva. Cada obra, cada proyecto, construye una ecuación específica, en tanto articula su propia estructura de los ejes de significación puestos en juego: la diferente imbricación recíproca y el particular tratamiento de estos ejes constituyen la formulación que cada proyecto encarna.

La ecuación proyectual, por lo tanto, es la que construye las diversidades posibles en la conjunción estructural de aquellos ejes esenciales que la atraviesan. Son en definitiva articulaciones internas de los aspectos proyectuales que determinan y signan el producto.

Pero es necesario advertir que esta conjunción de factores no es arbitraria ni aleatoria; por el contrario, es una acción meditada e intencional que el arquitecto realiza para poner en acto una idea fundante del proyecto, la que selecciona, califica, dosifica y vincula los factores que lo componen. Para que estas cuestiones sean reconocibles, es necesario considerar, como el Arq. A. Campo Baeza, que lo que los arquitectos hacemos es construir ideas.

Ideas arquitectónicas

Se definen las ideas arquitectónicas como propósitos e intenciones proyectuales, aspiraciones o pensamientos que guían al proyecto. Son la síntesis de las grandes líneas de trabajo proyectual.

"Indagar sobre el futuro de la arquitectura será una labor de prospectiva sobre las ideas que harán posible ese futuro y sobre los hombres capaces de alumbrarlas".
Alberto Campo Baeza[14]

Un trabajo carente de ideas arquitectónicas nunca podrá aspirar a integrar el campo disciplinar, como así tampoco no es posible comprender una obra o un proyecto sin conocer las ideas arquitectónicas que subyacen en ellos. Por esto, de forma justificada, Campo Baeza señala: "*Architectura sine* idea *nulla Architectura est*".

Debe quedar en claro que no se trata de ideas vagas, caprichosas, sino de los verdaderos, consistentes, conceptos arquitectónicos fundantes del proyecto. "El olvido de la razón, la falta de razones, la ausencia de una idea

---

[14] Campo Baeza, A., *La idea construida. La arquitectura a la luz de las palabras*, Madrid, Edición del Colegio Oficial de Arquitectos de Madrid, 1996.

coherente, capaz de generarla y de sustentarla, hace que la arquitectura sea a veces, tantas veces, monstruosa".[15]

Programa arquitectónico

El programa arquitectónico constituye las bases conceptuales que el arquitecto establece desde la disciplina, de modo que funcionen como un tamiz para dar sentido y orientación al programa "funcional" o conjunto de requerimientos y demandas externas. Estas solicitaciones o demandas deben ser reconsideradas desde el programa arquitectónico, y de este modo, podrán ingresar a la dinámica proyectual.

El arquitecto califica y posiciona el programa de solicitaciones que configura el encargo, y es primordial que estas demandas sean instaladas en y desde la arquitectura. El programa arquitectónico aportará valores y sentidos que serán fundacionales para el desarrollo del proyecto y conformará una hoja de ruta, una orientación, para encaminar la dinámica proyectual.

Una mirada reflexiva revela una necesidad donde antes no existía; el programa arquitectónico está siempre enlazado con la interpretación y el desciframiento de necesidades y aspiraciones diagnosticadas por el experto. Se constituye de acuerdo a intenciones arquitectónicas que serán la génesis, el origen, el impulso que pone en marcha una "propuesta", no solo una respuesta inmediata a las demandas.

Pero es necesario estar alerta en cuanto a estas intenciones. Le Cobusier lo expresa de modo magnífico: "Solo se puede contar con objetivos accesibles al ojo, con *intenciones que utilizan los elementos de la arquitectura*, si se cuenta

---

[15] Ídem, p. 14.

con intenciones que no forman parte del lenguaje de la arquitectura, se llega a la ilusión de los planes".[16]

Desde esta perspectiva, a partir de la relación entre el programa de necesidades que el arquitecto recibe y el programa arquitectónico que propone para desarrollar su proyecto, podemos establecer algunas cuestiones que en la vida profesional vinculan al arquitecto con aquellos que le demandan su trabajo.

Existe una línea de pensamiento que supone la no interferencia del arquitecto en la demanda del cliente, que en la práctica se traduciría en una absoluta sumisión del profesional. Esta, que en principio aparentaría ser una postura correcta, debe ser analizada rigurosamente. La verdadera y responsable actitud profesional no es la de obediencia ciega, sino aquella que brinda perspectivas y soluciones que muchas veces no se vislumbran en las solicitudes iniciales. El arquitecto debe brindar conocimientos y sugerencias que aporten verdaderos valores al proyecto en un marco de respeto y acuerdo con las necesidades que le plantean.

Tomás Powell, en un agudo artículo,[17] nos ilustra estas cuestiones con su comentario sobre una obra: Marabajo en La Pedrera, Uruguay, del arquitecto rosarino Nicolás Campodónico. Para ello recurre a la versión invertida de la expresión popular que utiliza Jorge Sarquis: liebre por gato.

> La versión original (gato por liebre) supone una estafa al cliente, que recibe un producto de inferior calidad que la prometida o esperada. Los arquitectos (los buenos arquitectos), dice Sarquis, suelen (o pretenden) dar más de los que se les pide, al mismo precio. Es decir, que frente a un encargo cualquiera, además de satisfacer una serie de determinaciones externas, un buen arquitecto constituye

---

[16] Le Corbusier, *Hacia una arquitectura*, Buenos Aires, Poseidón, 1964.
[17] Powell, T., "Liebre por gato", en *Revista Summa +*, núm. 87, Buenos Aires, junio de 2007, p. 94.

relaciones, funcionales y materiales internas, propias de la obra y de su visión de la disciplina, que trascienden la resolución del problema práctico concreto que suponen el programa, el lugar, las restricciones económicas y/o constructivas de cada caso y determinan finalmente la calidad del edificio como obra de arquitectura.

Esta revisión del encargo desde el programa arquitectónico es imprescindible para desarrollar el proyecto, y requiere para su formulación experiencia y responsabilidad, solvencia y prudencia. No debe confundirse este programa arquitectónico con una suerte de endulcoramiento de estos requerimientos; no se trata de "enriquecerlos", sino de posicionar los datos recibidos desde la disciplina, que es una operación muy diferente.

Verónica Fiorini, en su artículo "Acerca del método",[18] recurre a la raíz etimológica de la palabra *programa*: "Deriva del latín *programma* y ésta del griego *prográpho*, 'anunciar por escrito'" (y/o gráficamente, podríamos ampliar). Así, el *programa* se presenta como una declaración previa de lo que se piensa hacer, y en el campo del diseño, programar estaría ligado a "poner en escena la multiplicidad de condiciones propias del objeto y su entorno". En base a esto, logramos indicar que el programa arquitectónico se constituye en enunciados que orientan y definen el modo en que el proyecto "pone en escena disciplinar" al programa de requerimientos.

Por lo general, el programa de requerimientos deviene en demandas que débilmente señalan verdaderas preocupaciones de la disciplina. Pero el programa arquitectónico establece condiciones específicas que conformarán el posicionamiento del arquitecto frente a la propuesta, posicionamiento que al trazar el acceso a su trabajo en el

---

[18] Fiorino, V., "Acerca del método", en *Contexto 6+7*, Buenos Aires, primavera-verano de 2001, p. 64.

proyecto, le permitirá plantear, construir y perfeccionar la estrategia proyectual.

Estrategias proyectuales

Las estrategias proyectuales, dentro de la cultura arquitectónica, son instrumentos conceptuales en tanto se construyen sobre ideas arquitectónicas, y a la vez, herramientas operativas en tanto ellas posibilitan elaborar el proyecto, ponerlo en acto, conducirlo en el momento propositivo; como así también son las llaves que permiten analizar proyectualmente (de manera significativa) una obra revelando su contenido arquitectónico.

Estas estrategias involucran en su constitución diversos aspectos de la arquitectura, encierran en sí mismas múltiples conceptos arquitectónicos e implican decisiones morfológicas, distributivas y de materialidad a distintas escalas, desde la relación con el sitio hasta los detalles constructivos. A partir de las estrategias, es posible concebir y armar el espacio, la forma y la estructura del proyecto. Respecto de la ecuación proyectual, la estrategia avanza al proponer una espacialización más definida y crea pistas para el desarrollo de la actuación proyectual.

Para cada situación de vida se recurre a estrategias: para trabar una relación personal en el mundo social, para ganar una batalla en el campo militar, para promover un aumento de ventas en la esfera comercial o para ganar un partido en el terreno deportivo. Poco éxito es esperable si en cada uno de estos ámbitos se carecen de las estrategias pertinentes.

Para un arquitecto, contar con estrategias significa estar provisto de las armas para enfrentar las acciones que involucran su específico trabajo propositivo. Lograr el dominio de estrategias proyectuales supone la adquisición de habilidades y exige aptitudes para hallar los caminos que conducen a la propuesta. Con este bagaje resultará más fácil encontrar el proyecto. Una de las propiedades más importantes de las estrategias es la de condensar los distintos aspectos que el proyecto demanda. Las estrategias funcionarán como una trastienda, un recurso que permite actuar con acciones previsibles. Por lo general, los buenos estrategas resultan ser los más astutos en el campo de acción, conocen las distintas alternativas disponibles, saben utilizarlas de manera apropiada y por ello pueden actuar con rapidez y eficiencia utilizando tácticas adecuadas.

Conocer una estrategia no es conocer una solución estanca, formalizada. Las estrategias no son modelos acabados y completos, sino configuraciones latentes; son instrumentos que nos habilitan alternativas esclarecedoras y facilitan nuestra búsqueda. Para la labor docente, no se trata solo de disponer de un conjunto de estrategias proyectuales previas, sino de tener competencia para construirlas y ayudar a generarlas. Por ello es pedagógicamente oportuno tener la capacidad de orientar la producción de pre-formas operativas abiertas y potenciales que deben ser completadas y definidas en el transcurso del propio trabajo proyectual.

Resulta imprescindible reconocer las propiedades de las estrategias proyectuales. Ellas están en un nivel superior a la noción de proyecto, por su nivel de abstracción genérico, y son útiles tanto para analizar como para proyectar.

Frente al proyecto que es concreto, las estrategias se postulan como generalizaciones. Pertenecen a un pensamiento proyectual superior, por su rango abstracto son esquemas mentales para llevar a cabo un plan para resolver un problema. Son condensaciones, destiladas por la experiencia para resolver problemas de arquitectura. Son mucho más que el caso particular que se aborda, ya sea este un trabajo analítico o una propuesta.

La noción de proyecto lleva de suyo la presencia significativa del conjunto de variables de la arquitectura, de ejes de significación; el proyecto es la puesta en juego de una determinada estrategia estructurante de ellas. Las estrategias ordenan los procedimientos proyectuales, pero su selección demanda destreza para adecuarse al sitio, acordar la expresión de la obra, elegir una articulación de volúmenes, esclarecer la sistematización estructural, etc. Por lo tanto, una estrategia proyectual resultará más positiva cuando mayor sea la cantidad de aspectos arquitectónicos que involucre, y de forma inversa, menos útil y hasta peligrosamente inadecuada cuando solo atienda un rango pequeño de variables o relegue a un conjunto de ellas.

Cada estrategia lleva en sí –compendia– distintas posibilidades de desarrollo. Adoptando una apropiada estrategia, el proyecto encuentra su rumbo, define la trayectoria del proceso proyectual al establecer las bases y los fundamentos arquitectónicos.

Con estas estrategias no se parte de cero en cada proyecto. Son ideas básicas genéricas que tienen sustento en experiencias concretas, no son pensamientos vagos indefinidos. Son elementos del conocimiento que nos permiten realizar actos cognitivos como percepciones, interpretaciones y acciones proyectuales.

Se convierten, una vez adquiridas, en estructuras organizadoras de nuestra experiencia y percepción, de modo tal que es imposible dejar de verlas al recorrer o analizar una obra. Contienen en sí información, incluyen interrelaciones, comportamientos de las partes con respecto a otras partes y con respecto al todo, pero no las relaciones completas ni su particular cualidad y carácter. Median y regulan los procesos de actuación proyectuales. Involucran procedimientos intencionales, pertenecen al ámbito del

EL PROYECTO ARQUITECTÓNICO 53

saber hacer. Ellas se pueden concebir, al menos en parte, como guiones casi de naturaleza narrativa, como representaciones mentales esquemáticas que se adquieren en base a experiencias. Las llamadas grandes obras maestras de la arquitectura no son sino ejemplos excelentes de puesta en acto de elocuentes estrategias proyectuales.

Resulta imprescindible también reconocer sus potencialidades operativas. Las estrategias proyectuales sirven de andamiaje para futuros proyectos, ayudan a construirlos y como todo armazón tienen huecos que van a ser completados por la contingencia del hacer en el contexto. Son estructuras, ordenaciones, disposiciones de datos hipotéticos; constituyen un conocimiento almacenado pero no estático ni monolítico. Poseen un carácter complejo, múltiple y cuya puesta en acto no es una gestión lineal.

Se debe reflexionar sobre la utilidad de estos instrumentos. Como ya se ha señalado, son herramientas conceptuales a las que se acude en el momento de afrontar el proyecto. Ellas constituyen la clave del "saber hacer". Median entre las intenciones y los resultados, entre los propósitos y la obra. Como en el juego de ajedrez, se pueden tener estrategias precisas pero las partidas pueden ser infinitas. Establecen un plano de generalización del accionar proyectual y rigen a las operaciones con las que se elabora el proyecto.

Ya se ha indicado que las estrategias proyectuales son instrumentos válidos tanto para la acción proyectual como para la acción analítica. Si no disponemos de un bagaje de estrategias y de la capacidad de construirlas, sería imposible proyectar, habría que empezar desde la nada o recorrer un camino incierto.

La práctica de lecturas de proyectos y obras existentes es el modo de comprenderlos arquitectónicamente, y en su síntesis, recuperar las estrategias que se constituirán en nuestro bagaje, en herramientas de trabajo.

El aprendizaje de estrategias proyectuales y de lecturas proyectuales conlleva una adquisición simultánea desde experiencias recíprocas. Esto puede explicase con la opinión de Ch. Keller y J. D. Keller,[19] al referirse a este tipo de aprendizaje en el hacer: "El conocimiento es al mismo tiempo un requisito y una consecuencia de la acción, y análogamente, la acción es un requisito previo y una consecuencia del conocimiento".

Se puede decir que el conocimiento de estrategias proyectuales es al mismo tiempo un requisito y una consecuencia de las lecturas proyectuales; y en forma análoga, la lectura proyectual es requisito previo y consecuencia del conocimiento de estas estrategias proyectuales.

Son las herramientas a las que recurrimos durante el proceso proyectual para construir arquitectónicamente la propuesta de diseño. Es así como el arquitecto, sometido a las múltiples demandas en su accionar, encuentra en las estrategias bien elegidas el mejor instrumento de trabajo para "instalar" la propuesta en la dinámica proyectual.

Dado que estas herramientas no constituyen un acervo natural sino que se adquieren, es importante reconocer que para realizar un adecuado proceso de apropiación se requiere reconocerlas en obras y proyectos arquitectónicos.

"No existe para el alumno mejor forma de aprehender e interpretar las estrategias que a través de persistentes lecturas proyectuales de obras de arquitectura".
A. M.

En la medida que se adquiere y perfecciona esta práctica, se acumulan y atesoran estrategias proyectuales, un potencial que podrá ponerse en acto en el momento de

---

[19] Keller, Ch. y Keller, J. D., *Estudiar las prácticas. Perspectivas sobre actividad y contexto*, Buenos Aires, Amorrortu, 2001.

EL PROYECTO ARQUITECTÓNICO

proyectar. Útiles no solo para su eventual reconsideración, sino también para su transformación y resignificación.

Para tener un dominio más completo de las estrategias es importante reflexionar sobre sus modos de constitución, su proceso de definición y eventualmente su transformación o replanteo.

Si bien diversas dimensiones de la arquitectura actúan de manera integrada en una estrategia proyectual, no siempre estarán planteadas en su totalidad en las instancias iniciales o en las primeras aproximaciones de su definición. Es probable que ella se constituya de un modo cabal a través de sucesivas pruebas de integración.

Un experto puede con rapidez articular de modo simultáneo la totalidad de los aspectos involucrados, pero seguramente el alumno sin una madura experiencia proyectual deberá reintentar en varias oportunidades hasta definir una estrategia integral y apropiada que le permitirá luego formular la ecuación proyectual específica de su propuesta.

Los múltiples ejes de la arquitectura –morfológicos (formales y espaciales), distributivos y de materialidad– pueden constituirse y sintetizarse en respuesta a diversos aspectos que necesariamente el proyecto debe asumir: relación con el sitio, contexto urbano o territorial, vistas y paisajes, características y topografía del terreno, el clima (orientaciones, asoleamiento, vientos dominantes), forestación, tecnologías constructivas o estructurales optativas o impuestas, etc.

Una estrategia correctamente entendida contempla el amplio rango de aspectos que deben ser considerados en una obra de arquitectura, pero por lo general, el modo sintético en que esta se constituye gráficamente requiere de una capacidad e idoneidad específica para su interpretación y desarrollo en la acción proyectual. Por ello requiere también aptitud para descifrar su información (a veces explícita y a veces latente) y cierto talento para perfeccionarla.

La estrategia proyectual, en tanto lleva en sí el ADN del proyecto, determina el orden estructural, el orden distributivo, el orden formal, y además plantea la coordinación integral de todos ellos. En síntesis, es un esquema cargado de significados que no solo debe abordar los complejos componentes de la arquitectura, sino que también establece los cursos de acciones de la dinámica proyectual. Resulta imprescindible comprender que las estrategias proyectuales deben ser coherentes y sustentarse mutuamente en relación con los requerimientos e intenciones que debemos atender. Un aspecto que no se debe olvidar es la necesidad de estar alerta para utilizar aquellas pertinentes a los objetivos del proyecto: las estrategias son diferentes porque encarnan distintas posibilidades de condensación proyectual.

Un dominio básico para el proyecto arquitectónico es reconocer y valorar el sistema de razones y argumentos que una estrategia convoca. Desde el punto de vista docente, es fundamental clarificar y advertir sobre el sentido de las diferentes estrategias, ya que sería poco beneficioso contar un cúmulo de alternativas si no es capaz de juzgarlas en su significado y oportunidad. El intercambio de ideas entre alumnos es un medio muy provechoso para realizar estas valoraciones.

Dados estos rasgos de las estrategias, queda establecida la importancia, el valor y la eficacia de contar con ellas en la producción arquitectónica. La estrategia proyectual formula ciertas relaciones específicas entre los factores componentes del proyecto, y estas relaciones deben ser verificadas y cotejadas en consonancia con las demandas al programa del proyecto y las intenciones que el arquitecto desea incorporar.

EL PROYECTO ARQUITECTÓNICO

En tanto herramienta conceptual y operativa que fija sintéticamente las significaciones de un proyecto o de una obra de arquitectura, se debe reconocer su potencial en la estructuración de una propuesta. Por ello el alumno y el docente, en particular, deben ser verdaderos "cazadores" e investigadores de estrategias proyectuales.

Las estrategias arquitectónicas no son mecanismos neutros, disponibles o simplemente automáticos. Por el contrario, cada estrategia significa una toma de posición global frente a la arquitectura, y la adopción de cada una de ellas no es un acto superfluo, ya que implica "poner la arquitectura de alguna manera".

Elegir una estrategia es enfocar la totalidad hacia un sentido. Fijar una estrategia proyectual es construir el universo del proyecto, es "empujar al mundo en una dirección", proyectar formas de vida, condiciones y conductas del habitar, como así también definir y formalizar modos de construir. El modo de estructurar, la forma de ordenar, las relaciones que se generan a través de una estrategia de proyecto no constituyen solo un modo diferenciado de articular las propuestas, sino asimismo significan fijar una postura frente a la arquitectura.

La importancia de optar por una estrategia y no por otra tiene que ver con el hecho de que cada una de ellas condiciona el resultado de la acción proyectual al condensar de un modo específico el programa de funciones, las intenciones sobre el sitio, la articulación de espacios, etc. Lo importante es reconocer que cada estrategia proyectual es capaz de saturar determinados sentidos, por lo tanto, se descarta el supuesto de que pueda ser "universalmente" válida o de que su aplicación sea un acto automático.

El trabajo con estrategias no es un planteo retórico, es concreto, es una propuesta que pasa por el hacer, pero no puede soslayar principios y conceptos en los que necesariamente se funda. Desde esta perspectiva, el proyecto arquitectónico no avanza desde la coyuntura, sino que se lo defina desde lo estructural. La permanente divagación en las partes sin la búsqueda de un sentido totalizador no es el camino de un trabajo pleno. Las estrategias desde la noción de proyecto plantean relaciones estructurales y solidarias de todos los factores proyectuales, la visión de la arquitectura fundada desde una cabal mirada integradora.

Dice Helio Piñón: "El pensar imágenes, aspectos parciales de la futura realidad, no puede en ningún modo suplantar a la acción sintética de formar un objeto, a lo sumo puede proporcionar un referente iconográfico para el acto auténtico de la creación que es el concebir la totalidad".[20]

No debe creerse que la estrategia formulada inicialmente permanecerá inamovible; por el contrario, ya se ha advertido que durante su desarrollo podrá tener revisiones y ajustes, esta será la instancia donde se pone a prueba y donde se demuestra su verdadera consistencia operativa. Esta acción contemplará tanto la necesidad de rever como de proponer y construir inéditas estrategias. Muchos autores hablan de la *plasticidad* como propiedad de la estrategia aludiendo a su carácter maleable.

Edgar Morín, en *Introducción al pensamiento complejo*, define la acción de la estrategia:[21] "A partir de una decisión inicial, imaginar un cierto número de escenarios para la acción, escenarios que podrán ser modificados según las informaciones que nos llegan en el curso de acción y según los elementos aleatorios que sobrevendrán y perturbarán la acción". También afirma que el objetivo de la estrategia es luchar contra el azar y buscar la información para eliminar la incertidumbre, pero recuerda que la estrategia no se limita a luchar contra el azar, trata también de utilizarlo.

---

[20] Piñón, H., *Curso básico de proyectos*, Barcelona, Ediciones UPC, 1998.
[21] Morin, E., *Introducción al pensamiento complejo*, Barcelona, Gedisa Editorial, 2002.

EL PROYECTO ARQUITECTÓNICO   59

Esto requiere una gran capacidad de estructuración de los múltiples problemas que se aborden y las diversas alternativas que se propongan, tarea que para muchos alumnos aún inexpertos es una seria restricción. Focalizar no es tarea fácil, demanda una cierta experticia y es aquí donde la experiencia del docente tiene una oportunidad para colaborar.

Tácticas de desarrollo

Las técnicas de desarrollo son las maniobras y decisiones que se utilizan en la dinámica proyectual guiadas por la estrategia elegida para darle consistencia y definición al proyecto. Llevar adelante el trabajo con estrategias proyectuales obliga a utilizar apropiadas maniobras, técnicas operativas para el desarrollo del trabajo. Debe considerarse que táctica es "el arte que enseña a poner en orden las cosas", operaciones ajustadas a las reglas que se constituyen en un sistema de maniobras que se emplea hábilmente para conseguir un fin. Se debe concluir que las tácticas para desarrollar las estrategias en la dinámica proyectual deben ser seleccionadas con sabiduría y este campo puede ser abordado por alumnos indagando en su operaciones sobre cuáles son las más pertinentes y reconociendo cuáles son las menos apropiadas. De manera recíproca, el trabajo en las tácticas de desarrollo puede, eventualmente, indicar que es necesaria una rectificación de la estrategia elegida, en tanto ese desarrollo táctico demuestre la existencia de algún desajuste.

Helio Piñón sostiene que la arquitectura debe tener dos aspectos inseparables: *sentido* y *consistencia*. Sentido es la significación de la obra, y consistencia, su valor como construcción material. Desde este planteo, puede considerarse que las estrategias proyectuales y las tácticas a aplicar en el trabajo proyectual deben ser los instrumentos que nos ayuden a constituir y fusionar de forma mancomunada estos aspectos: mientras las primeras ordenan el campo del *sentido*, las otras trabajan desde el campo de la *consistencia*.

Las tácticas planifican y proveen alternativas en las etapas creativas para el uso y combinación de inferencias, métodos y técnicas al servicio de la estrategia proyectual.

Argumentos arquitectónicos

Ya se ha visto que el arquitecto utiliza las estrategias proyectuales y las tácticas de desarrollo en la construcción de su propuesta. Desde esta perspectiva, el proyecto se constituye en un material cargado de ideas y conceptos arquitectónicos que deben aflorar en nuestra dinámica proyectual. Estos contenidos se instauran necesariamente para construir la específica ecuación proyectual.

Es en esta instancia donde el argumento arquitectónico debe tener presencia, y para su real existencia se debe contar con los instrumentos necesarios que permitan aflorar concretamente estas significaciones. Para ello se debe contar con una narrativa que dé cuenta de los principios disciplinares desde un relato o exposición de las ideas arquitectónicas que sustentan al proyecto.

Los instrumentos operativos del arquitecto adquieren una importancia capital: primero, porque sobre el lenguaje recae la responsabilidad de construir esta narrativa, y segundo, porque estas ineludibles fundamentaciones no tienen un carácter descriptivo sino constitutivo y demostrativo del proyecto.

El argumento arquitectónico quedará expuesto a través de múltiples lenguajes: dibujos de síntesis e interpretación, maquetas intencionadas, especulaciones verbales e incluso gestuales, que deberán tener una rigurosa selección y se les requerirá una extremada pertinencia.[22]

---

[22] Sobre este tema se recomienda la lectura de Boix, F. *et al.*, *La construcción del patrimonio disciplinar*. Tomo 1: "La noción de proyecto en la inter-

La argumentación proyectual es una tarea que demanda una elaboración constante en la dinámica proyectual y acompaña a todo el proceso de producción; no es el punto de partida sino la permanente verificación de las acciones.

Lecturas proyectuales

El persistente ejercicio de realizar lecturas proyectuales es uno de los caminos más adecuado para acceder al conocimiento necesario para ejercer las operaciones implícitas en la dinámica proyectual.

En la práctica del taller, la posibilidad de compartir de forma mutua (docente y alumno) estas lecturas permite reconocer lo que puede ofrecer proyectualmente una obra. Estas experiencias se constituyen en el mejor camino para la conformación del pensamiento arquitectónico.

Quienes no puedan leer proyectualmente una obra de arquitectura limitan sus acciones proyectuales, dado que esta capacidad de interpretar es una condición necesaria para verificar y evaluar la propia actuación propositiva.

Llegar a ser avezados lectores proyectuales y por lo tanto estar vivamente implicados en la disciplina es un proceso complejo que requiere un aprendizaje modelado cultural y emocionalmente. La tarea de leer proyectos no solo se ejerce en experiencias analíticas, sino también en la conducción misma del proceso proyectual, dado que este demanda un permanente ejercicio de lectura como soporte de su desarrollo. Análisis y proyecto son dos caras de una misma moneda.

También se ejerce esta acción de lectura al compartir otras experiencias proyectuales o al sugerir las posibles

---

pretación arquitectónica del patrimonio edilicio", y tomo 2: "Principios que fundan el lenguaje gráfico como instrumento de interpretación proyectual", Rosario, UNR Editorial, 2006.

estrategias que emergen de la interpretación de los primeros esbozos del alumno y en la explicitación de ellas.

Estas lecturas están presentes en los momentos de las correcciones donde se co-rrige ('regir conjuntamente') con el alumno, y sobre todo, con lo que rige la lectura proyectual de la obra. En estas experiencias compartidas se aprende en forma conjunta tanto a leer proyectualmente como a proyectar.

Lo que se transmite en el aprendizaje es el oficio de proyectar, que no es otra cosa que, parafraseando a Juan Carlos Tedesco, el oficio de aprender a proyectar.[23] Ya que el arquitecto no cesa nunca en esta tarea de aprender, de un modo continuo busca, descubre, reconoce tanto al proponer como al leer proyectualmente las estrategias que dan espesor a su formación, a su experiencia con la arquitectura. Es una condición continua que nunca deja de sorprender, aun cuando se crea que está agotada.

Las lecturas o interpretaciones de obras y proyectos son una tarea que debe tener un lugar reconocido en la currícula, por su trascendente valor en la construcción del conocimiento proyectual.

Algunas de las líneas de trabajo que coadyuvan en la adquisición y aprendizaje de este oficio de aprender a proyectar son:

- Las lecturas proyectuales de material bibliográfico en revistas, libros, donde se rescata y reconstituye la estrategia utilizada interpretando los textos, los dibujos y el material fotográfico.

---

[23] Tedesco J. C., "Nuevas tecnologías y desafíos educativos", *Revista El Monitor*, núm. 18, quinta época, Ministerio de Educación de la Nación, Buenos Aires, Argentina, septiembre de 2008. "El maestro es ahora la persona que transmite al alumno el oficio de aprender".

- Las lecturas proyectuales de obras en el encuentro con arquitectos y sus obras en seminarios, jornadas, donde explicitan y fundamentan su trabajo y en las visitas de obras de arquitectura donde se demuestran desde la experiencia real.
- Las lecturas proyectuales de sitios y espacios urbanos existentes, especialmente en aquellos donde se proponen intervenciones.
- Las lecturas proyectuales de producciones en las muestras académicas o compartidas en la dinámica cotidiana en el taller de proyecto.

Se daría un gran paso en la enseñanza si en lugar de hacer uso de la palabra "análisis" para el estudio de un sitio o de una obra se utilizaran expresiones más pertinentes, "análisis proyectual" o "lecturas proyectuales". De este modo no se caería en un error frecuente en los trabajos con presunción de ser "analíticos", que por ser meramente descriptivos y estar "descentrados" de la específica perspectiva disciplinar no encuentran (ni encontrarán) resonancia en posteriores actuaciones proyectuales.

Es habitual escuchar expresiones tales como "el análisis es inoperante", "las conclusiones no sirvieron para el proyecto". Pero estas manifestaciones cambiarían radicalmente si se propusieran y exigieran consistentes interpretaciones proyectuales.

Si se juzga que los trabajos de análisis resultantes carecen de sentido, es porque sencillamente en la obra elegida están ausentes los principios proyectuales, las ideas de arquitectura o porque en la operatoria analítica estos cruciales aspectos disciplinares no han entrado en consideración.

Las lecturas proyectuales, por su propia definición, no pueden evadir el inflexible y tenaz compromiso con la disciplina que necesariamente dichas acciones deben poseer. Una sólida interpretación proyectual del sitio tiene por finalidad obtener valiosas informaciones y ricas alternativas para una actuación propositiva, que no son otra cosa que los sustanciales componentes indispensables en la construcción de estrategias de la actuación proyectual; como asimismo una correcta lectura de un proyecto o una obra debe revelar la configuración de su estrategia, que es un importante aporte para la conformación del conocimiento disciplinar. Si esto no se logra, es por falta de habilidad, de sagacidad para trabajar en la interpretación proyectual o bien por ausencia de bases disciplinares en la acción. También puede ocurrir que la obra o la propuesta analizada revelen o desnuden una efectiva carencia de valores arquitectónicos.

Es importante reconocer que las lecturas proyectuales "reconstruyen" o "construyen" ideas. En la lectura no se trata tanto de "des-ocultar" una estrategia proyectual, sino de construirla: es decir, en la lectura, más que "extraer", hay que "instalar" o "montar" la estrategia pertinente.

Estas lecturas no son ascépticas o automáticas, sino verdadero trabajo proyectual de quien las pone en acto. Son una práctica, un ejercicio de proyecto. Cuando en la obra existe un verdadero trabajo proyectual, leerla es proponer un mundo de sentidos no evidente a la mirada ligera. Este verdadero trabajo proyectual no es gratuito ni obvio, presenta siempre alternativas de dificultad. No es "pasar por encima" del proyecto, sino penetrar en él. Este ir y venir de las lecturas proyectuales se produce en un entorno complejo: escollos, pensamientos, gozo, curiosidad. En la búsqueda del sentido, en la indagación de las estrategias proyectuales que se ponen en juego en el proyecto, el deseo de dilucidar el subrepticio sentido arquitectónico se lleva adelante desde una enigmática búsqueda que parece infinita, inmersa en lugares insondables y por sinuosos caminos.

Se opera en las interminables conexiones en la red que generan: la lectura de una obra de arquitectura reverbera en lecturas de otras obras, y la memoria es una verdadera caja de resonancia. En este estado, al leer proyectualmente se actualizan, se reinventan, se reformulan asimilaciones anteriores: la lectura refleja múltiples experiencias arquitectónicas.

Para quienes están vivamente interesados en la arquitectura, se produce un efecto de adicción en la búsqueda del proyecto, de no poder frenar el impulso que estas lecturas proyectuales originan, y ello se verifica tanto al proponer como al analizar. Cuando se ha aprendido a leer proyectualmente es imposible dejar de hacerlo, no hay regreso; se pierde la inocencia, se ha creado una conciencia proyectual. El conocimiento es un camino sin retorno.

En esta operación no faltan la intuición, la sensibilidad, que se nutren de las experiencias adquiridas y ejecutadas en anteriores propuestas concretas. La lectura proyectual del sitio es también un perfilado, un cincelado, es decir, una construcción. Es un diálogo, una co-creación entre el autor-lector y el sitio.

Arquitectura y proyecto

No hay aprendizaje de la actuación analítica / proyectual sin una sólida formación en arquitectura, como tampoco hay verdaderas experiencia proyectuales sin la realización de trabajos arquitectónicamente fundados.

Enseñar y aprender arquitectura, dice Campo Baeza, implica estudiar muchísimo, y da las razones: "Para tener bien afilados los instrumentos de análisis. Para tener bien a punto los mecanismos de la síntesis".[24]

---

[24] En *La idea construida. La arquitectura a la luz de las palabras, op. cit.,* p. 15.

En el aprendizaje de la dinámica proyectual es inaceptable cualquier actuación pretendidamente proyectual carente de valores disciplinares. Escaso favor se hace a un alumno al que no se le advierte que su trabajo está vaciado de arquitectura.

"La arquitectura no es una cuestión accesoria, un espolvoreo superfluo que se arroja sobre la propuesta, sino una luz, un resplandor interior, es una cuestión constitutiva que irradia el proyecto".
FNB

El proyecto arquitectónico requiere una conjunción eficaz de todos sus aspectos componentes, y para ello, es necesario desarrollarlos responsablemente en la teoría y la práctica.[25] La permanente actividad reflexiva sobre la arquitectura como disciplina y sobre el proyecto como producción específica dará sustento a la actuación del arquitecto.

---

[25] En los criterios de intensidad de la formación práctica para la carrera de Arquitectura, establecidos por la CONEAU, se define esta relación: "La Arquitectura constituye un campo de conocimiento que incluye saberes teóricos, pero a la vez prácticas de intervención sobre el medio, con finalidades que definen los rasgos del perfil profesional del graduado. Por lo tanto, las carreras de grado deben ofrecer ámbitos y modalidades de formación teórico-práctica que colaboren en el desarrollo de competencias profesionales acordes con esa intencionalidad formativa. Este proceso incluye no solo el capital de conocimiento disponible, sino también su ampliación y desarrollo, su flexibilidad y profundidad.
Desde esta perspectiva, la teoría y la práctica aparecen como ámbitos mutuamente constitutivos que definen una dinámica específica para la enseñanza y el aprendizaje. Por esta razón, los criterios de intensidad de la formación práctica deberían contemplar este aspecto, de manera de evitar interpretaciones fragmentarias o reduccionistas de la práctica".

DIFERENTES FASES Y LENGUAJES DEL PROCESO PROYECTUAL

Como ya se ha señalado, el proceso proyectual obliga a pasar por diversas fases: abarcará un período de interés en reconocer el problema planteado, un período de ansiedad que inmoviliza cuando no se logra encontrar la solución, y un período de entusiasmo que conduce a una actitud productiva imposible de detener.

Estas fases no deben ser entendidas como secuencias lógicas en orden temporal, sino como momentos diferenciados, caracterizados por particulares circunstancias. Los momentos pueden reconocerse, pero en la actividad proyectual no transcurren con un orden lineal, sino en redes.

Es importante que el alumno reconozca el proceso que sufrirá interiormente, que sea consciente de su proceso emocional y que reconozca que se verá afectado por ello. Aun más, que sepa que sin estas etapas emocionales no podrá lograr su propia transformación.

No debe ocultarse que el aprendizaje puede atravesar momentos difíciles y momentos gratificantes. La satisfacción que se experimenta cuando el proyecto comienza a definirse, cuando la consistencia de su estrategia es lo suficientemente fuerte como para vislumbrar que se ha afianzado, es una etapa donde el optimismo es el motor del trabajo.

La conducción del proceso debe ser entendida como una orientación para favorecer la autodisciplina y garantizar la confianza del alumno en las capacidades que serán útiles para fortalecer y alentar una conducta perseverante de insistente tenacidad, permeable a las revisiones necesarias para optimizar los resultados.

La autoestima es fundamental para la producción en el taller. Para ello se debe promover la capacidad de autoevaluarse con pautas confiables; el alumno debe saber justificar, argumentar sus decisiones. Es importante inculcar la responsabilidad y el compromiso de emplear juicios fundados y no caprichos o actitudes arbitrarias. Discernir y poder valorar son capacidades indispensables para actuar en el proyecto arquitectónico, y estas facultades se adquieren y se ejercen desde una autovaloración sólida y fundada.

Las dosis de libertad y de rigor deben ser sabiamente utilizadas por el docente en el proceso de aprendizaje. Las propuestas novedosas alcanzadas en los proyectos en el campo de la arquitectura o en la experiencia del alumno generalmente han sido consecuencia de transitar por senderos no convencionales.

Por ello es importante un clima de libertad para indagar, un espacio de autonomía en la producción, pero es un error fomentar acciones descontroladas y extremadamente aleatorias que pueden desviar el sentido del aprendizaje. El alumno aspira a que el docente reencause su tarea en caso de que se halle desorientado, utilizará su libertad para buscar nuevos caminos, pero siempre, aun cuando no lo exprese, confía en que el docente pondrá los límites si sus búsquedas han quedado lejos de las pautas fijadas. La confianza en la experiencia del docente es fundamental en esta dual operación: "sueños de libertad / necesidad de control".

Es necesario un equilibrio entre el deseo y el deber. Por ello se ha dicho[26] que no es el caso de que el alumno "haga todo lo que quiera", sino de que "quiera lo que hace". Y este "querer" es una condición ineludible en el proyecto: "no

---

[26] Lethelier, S., *Calidoscopio de la creatividad... remirar la docencia*, Santiago de Chile, Editorial Universitaria, 2000.

se aprehende lo que no se ama", y es además una forma de reconocer que el proyecto "es deseado", buscado, anhelado, y esto va más allá de elementales consignas didácticas.

Reconocer las distintas etapas del proyecto puede ser útil para registrar la instancia en que se encuentra su desarrollo, pero reconocer estos momentos tiene aun un sentido más trascendente si los encuadramos como etapas de nuestra experiencia personal, de nuestras circunstancias de vida. Es decir, las etapas no están por fuera de lo afectivo, ellas influyen decisivamente en nuestro estado de ánimo, en nuestra productividad.

Es oportuno que el docente sea consciente de esto, ya que podrá interpretar mejor al alumno, y es conveniente que el alumno lo sepa para poder descifrar los estados de ánimo que lo envuelven. El docente será más sensible para interpretar las acciones del alumno, y el alumno comprenderá sus circunstancias y sobrellevará mejor los momentos negativos, señalando en cada instancia cómo la estrategias proyectuales o las tácticas de desarrollo se definen o se desvanecen, se confirman o se contradicen.

Las etapas del proceso proyectual no solo tienen que ver con el trabajo en el tablero, en el monitor o en la realización de modelos espaciales, sino también con su autor y sus circunstancias, sus estados de ánimo, que pueden jugar positiva o negativamente en su producción. Al docente este conocimiento le ayudará a juzgar con más precisión la evolución del trabajo y la condición del alumno. Esto último es importante ya que le permite al docente comprender mejor a su interlocutor y utilizar un lenguaje apropiado en cada instancia.

Las diferentes fases que se describen en este proceso no son directas; por el contrario, ya está suficientemente demostrado el camino sinuoso que recorre y las iteraciones que se producen. No se intenta generalizar estos recorridos, pero sí reconocer momentos definidos con claridad, con características propias, que con distintos grados de intensidad se manifiestan en todo proceso creativo desarrollado por los alumnos de los cursos iniciales.

En particular, la investigación realizada ha demostrado la presencia de coyunturas muy específicas que se identifican con claridad: por las actitudes de los alumnos y los estados de ánimo que manifiestan, las formas expresivas que ellos utilizan, y las operaciones y los lenguajes que ponen en juego.

En las exploraciones que se realizaron sobre los primeros cursos de la enseñanza de la arquitectura se propuso reconocer y comprender particularmente los instrumentos de actuación proyectual que utilizan estudiantes con escasa formación disciplinar. Por ello resulta una excelente oportunidad para reflexionar sobre las intrínsecas potencialidades que dichos instrumentos contienen. La investigación prestó atención en particular a este conjunto de operaciones que el estudiante realiza en las instancias iniciales del proyecto, reflexionando sobre el valor y la pertinencia de los diferentes lenguajes puestos en acción en la dinámica proyectual.

"El dominio de los instrumentos operativos (lenguajes) no puede considerarse neutro, aséptico respecto a la arquitectura, sino inmerso y sumido en lo disciplinar en relación con las exigencias de comprensión y toma de conciencia que requiere la misma disciplina".
A.M.[27]

El proceso proyectual y los instrumentos de actuación

En los momentos de definición de las estrategias proyectuales y durante el manejo de las tácticas de desarrollo, interesan particularmente los instrumentos de actuación, los diversos lenguajes utilizados: gráficos, modelos espaciales, verbales y gestuales, porque ellos son el ámbito de gestión del proyecto. Pero hay una razón más substancial para definir su valor: son los únicos medios posibles en la relación de intercambio entre docente y alumno.

---

[27] Montelpare, A., *Los instrumentos operativos en el análisis de obra. Textos de Arquitectura, concursos docentes universitarios*, Buenos Aires, Nobuco, 2009, p. 93.

El boceto, en sus diferentes configuraciones formales, es en gran medida el formato instrumental al que se recurre en los primeros momentos de la actividad creadora, y en particular, es el punto de arranque del trabajo proyectual. La presencia del boceto se verifica en diversas disciplinas y su consistencia admite múltiples formas expresivas.[28] Estas últimas deben ser cuidadosamente consideradas por el docente, dado que no son solo diferentes modalidades codificatorias, sino que además incluyen un especial estado de ánimo del alumno: una actitud impulsiva y compulsiva de expresarse, una acción constructiva repentina y no pocas veces prematura. La acción se adelanta al pensamiento, la sucesión de imágenes mentales demandan el uso de un instrumento que refleje las intenciones y las aspiraciones, las certezas y las dudas, instrumento que actuará entre el entusiasmo y la ansiedad, el optimismo y la angustia.

La importancia de registrar, analizar y decodificar estas experiencias iniciales del proyecto radica en que ellas, a pesar de su aparente condición de indescifrables jeroglíficos, pueden transformarse de manera imprevista en una clarividente revelación. Por ello, en el proceso de enseñanza-aprendizaje, estos productos desprolijos, equívocos, confusos, resultan ser inevitablemente los únicos elementos que permiten la comunicación con el alumno. Estas herramientas, en apariencia limitadas, que posee para intercambiar ideas, provocar imágenes o inferir conceptos resultan un puente entre docente y alumno, un código compartido, interfaz indispensable, más aun, inevitable para la comunicación entre ambos.

El boceto se constituye en una tabla de valores que el estudiante inconscientemente revela tanto a través de lo

---

[28] Boix, F., "El boceto como instrumento del proyecto arquitectónico", *Revista A&P*, núm. 10, Rosario, FAPyD UNR, 1995.

que remarca como de lo que silencia. Comprender el significado de estos olvidos y ocultamientos es una advertencia para el docente, no solo porque posibilita percibir lo que el estudiante ha decidido posponer, sino además porque este espacio en blanco, lo que excluye, lo que calla, es también una vía para reconocer cómo expresa profundas angustias, vacíos conceptuales o negligentes despreocupaciones.

El análisis de los diferentes planos de expresión que se utilizan en la acción proyectual son fundamentales para comprender las significaciones que trata de gestar. No es lo mismo iniciar el proceso proyectual tratando de expresar verbalmente sus intenciones, que exponer ideas utilizando gestos o dibujos. Como así también no es lo mismo empezar dibujando y graficando primeros esbozos de una planta o un corte, que utilizar cartones, maderas y telgopor para armar un modelo formal / espacial. Cada uno de estos lenguajes implica grados peculiares de concientización del problema y sus pertinentes códigos operativos. El análisis de estos lenguajes interesa en tanto condicionan la producción, pero fundamentalmente, porque ellos se relacionan con el modo en que el conocimiento es internalizado. Martins[29] afirma, siguiendo a Vigotsky: "Lo que es internalizado, por tanto, no son las cosas en sí sino su significado, lo que solo puede darse a través del uso de herramientas simbólicas, gestuales, verbales, etc.". Desde esta posición, los lenguajes trascienden como las más eficaces herramientas facilitadoras de la acción y el pensamiento.

El lenguaje gráfico en el proceso proyectual

El lenguaje gráfico suele ser uno de las primeras adquisiciones del alumno en los cursos de la carrera de

---

[29] Martins, J. B., *Na Perspectiva de Vigotsky*, San Pablo, Cefil, 1999.

Arquitectura. Este aprendizaje es un largo proceso que acompaña permanentemente el desarrollo del conocimiento proyectual y de los conceptos que lo constituyen, lo que posibilita adquirir un uso fluido y significativo de aquel. Vygotsky opina que "el mayor cambio en la capacidad del alumno en el uso del lenguaje como instrumento para resolver problemas es cuando el lenguaje se interioriza y adquiere una función intrapersonal, no interpersonal";[30] y especifica que "la interiorización del lenguaje transforma nuestro sistema cognitivo, tanto en un sentido representativo –aquello que puede ser pensado–, como procesal –aquello que podemos hacer con nuestras representaciones–".

 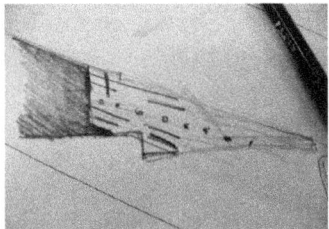
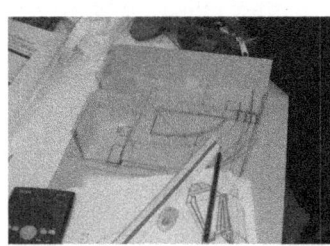 

Juan Martín Canto

El lenguaje gráfico como instrumento de prefiguración, como herramienta simbólica, encarna las representaciones

---

[30] Vygotsky, L., *El desarrollo de los procesos psicológicos superiores*, Barcelona, Crítica, 2000.

mentales del proceso de pensamiento proyectual y viabiliza su control. Así, la gráfica posibilita fijar algunos aspectos provisorios, seleccionar datos del problema, indagar y poner a prueba las hipótesis proyectuales. Se trata "de la conversación proyectual que entablamos no solo con la propia materia arquitectónica, sino también con la propia representación como materia que nos responde y sugiere".[31]

María Laura Barale

Por lo tanto, al proyectar se especula tanto sobre cómo se está pensando (proyectando), así como de aquello de lo que se piensa (el proyecto), en una calidad de metacognición, de toma de conciencia permanente a través de herramientas simbólicas.

Si el proceso proyectual puede definirse como una progresiva reducción de incertidumbre, reconocer el rol epistémico de los sistemas gráficos como medio de conocimiento en el proceso proyectual es otorgarle a estos una función reguladora del estado de representaciones mentales que constituyen dicho proceso.

---

[31] Gregotti, V., *El territorio de la arquitectura*, Barcelona, Editorial Gustavo Gili, 1972.

Las gráficas posibilitan trabajar y atenuar la incertidumbre: desde los bocetos previos en el estadio de concepción a las gráficas resolutivas de desarrollo y producción, el dibujo regula y registra todas las demandas del proceso proyectual (analítico o propositivo), siendo este el lugar concurrente donde se produce el aprendizaje del potencial significativo de los sistemas gráficos.

Con el dibujo se ponen en un papel los pensamientos, se exteriorizan tanto para diálogo interno con la obra misma, como para su comunicación, con el docente y con los demás. La gráfica explicita los argumentos proyectuales de la propuesta, construye y demuestra la consistencia proyectual de la obra. La gráfica remite a tópicos que no se refieren solo a la obra aparente, sino también a la interpretación que hace de ella. Hace referencia a conceptos, a construcciones internas respecto de la obra; al argumentar se muestran propiedades que en la obra están invisibles, inexploradas. Estas surgen al confrontar un corpus teórico con un corpus empírico.

Con las operaciones gráficas se valida –legitima– el proyecto en tanto y en cuanto este resista y permita estas operaciones de puesta en juego del sentido proyectual y de los argumentos que le den consistencia.

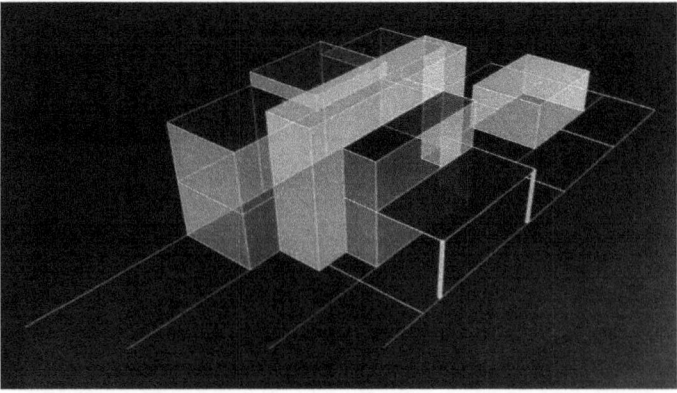

EL PROYECTO ARQUITECTÓNICO   77

Con estas gráficas significativas se penetra hondo en la complejidad dialéctica, a veces contradictoria y en permanente cambio, del proceso de interpretación proyectual; se irrumpe en el proceso mismo de construcción de sentido. Visto desde otro ángulo, la gráfica pone a prueba el proyecto: lo expone, lo arriesga.

El lenguaje de modelos espaciales en la propuesta proyectual

No resulta temerario afirmar que los modelos espaciales son los más pertinentes para elaborar el proyecto de la arquitectura. Sin embargo, esta vinculación puede caer en una fácil apreciación reduccionista. El hecho de que la arquitectura comparta con las maquetas el fenómeno de la espacialidad no debe hacernos olvidar el nivel de abstracción que se requiere cuando el modelo espacial es aún un esbozo, cuando el plano de la expresión establece una distancia importante con las reales condiciones espaciales y formales que las instancias finales del proyecto demandan.

Se habla aquí de los primeros bocetos espaciales, realizados con materiales y técnicas muy alejados de los reales, con su alto grado de abstracción, donde el plano expresivo no remite a imágenes inmediatas, sino a intrincadas conexiones, inferencias y asociaciones que se deben procesar.

Los modelos espaciales tienen un valor indiscutible en la génesis formal y espacial del objeto, al permitir su manipulación en su totalidad e integralmente, en forma más directa que el dibujo.

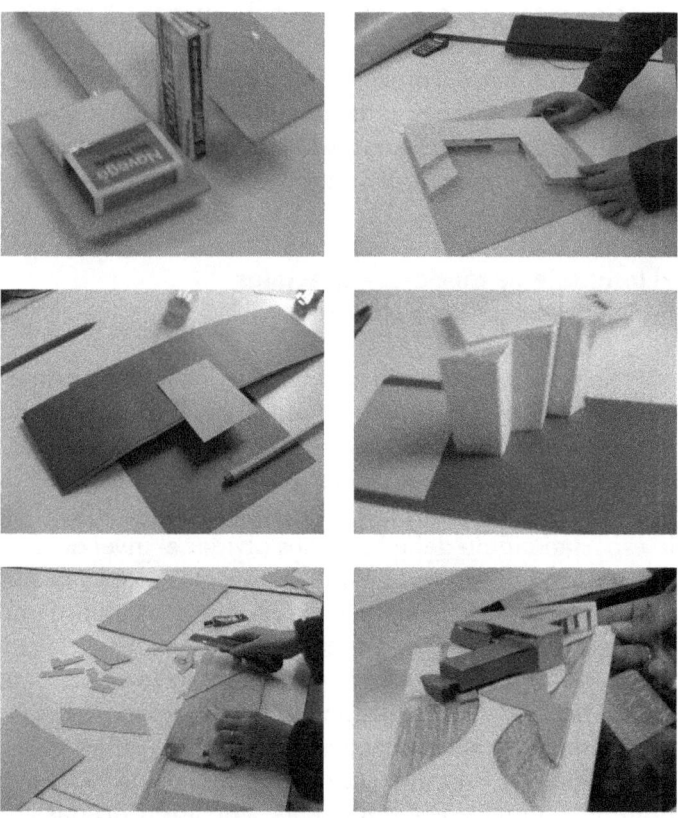

Un cartón plegado, unos lápices sobre la goma de borrar, un papel toscamente recortado al lado de un trozo de telgopor, no instalan una significación inmediata. Revelar, correr el sutil velo que cubre a estos insólitos conjuntos de objetos de tan distinta naturaleza, alejados de las reales dimensiones, escalas y materialidades sobre las que se especula, es todo un riesgo y un gran esfuerzo. Conjeturar las intenciones que desde tan precaria composición intentan proclamar es un acto de decodificación altamente complejo y difícil de controlar en términos operativos. La dosis de esperanza cifrada en elementos descartables, precarios y extravagantes se conjuga con la infinita capacidad de arriesgar posibles sentidos y significaciones; el imaginario resulta incentivado por un plano expresivo polisémico y abierto a múltiples especulaciones. Estos modelos aportan a la definición de los rasgos espaciales o formales más notables y estructurales de una potencial o latente estrategia del proyecto.

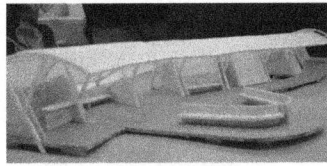 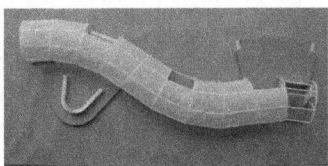

Desde la perspectiva docente, este singular mecanismo de creación, de reflexión sobre el proyecto, resulta atractivo. Basta mover una pieza, un objeto, para provocar un giro inesperado en las posibles concepciones espaciales que sugiere. Una ligera rotación de una de sus partes basta para reacomodar todo un pensamiento formal.

Esto revela que es un instrumento sumamente productivo: por su facilidad para cambiar. Es también una herramienta que dialoga con su interlocutor, estimula a pensar y repensar frente a cada acomodamiento de las unidades componentes. Esta capacidad de trasformarse y de transformar ideas es un excelente aporte para un aprendizaje indispensable en la disciplina: adquirir la habilidad de operar el pensamiento abstracto y establecer conexiones imprevistas, registrar la secuencia de transformaciones y permutaciones.

El lenguaje verbal en la propuesta proyectual

De todas las formas del lenguaje que los alumnos de Arquitectura utilizan para elaborar sus primeras experiencias de proyecto, el lenguaje verbal les resulta el más limitado y el menos fluido. Esto se detecta con claridad y obedece a dos razones: por una parte, no han adquirido en esta etapa de su formación un léxico específico, y por otra, no resulta pertinente fundar el trabajo proyectual, en su etapa inicial, exclusivamente sobre el lenguaje oral.

En una visión del proyecto establecido básicamente sobre la espacialidad y la materialidad, el lenguaje oral o escrito puede ser útil para las formas descriptivas e ideas genéricas iniciales. También esta forma expresiva es valiosa en las instancias de formular en términos generales las bases de la noción de proyecto, sus intencionalidades primeras, al definir en pocas palabras rasgos primarios de la estrategia en gestación.

El lenguaje oral requiere necesariamente de un "interlocutor externo", y se ha comprobado que el trabajo del alumno en las tempranas instancias de la construcción del argumento arquitectónico y en estado de escasa formalización "se gesta en silencio", otorgando una lógica preferencia a aquellos lenguajes más coherentes con esos momentos caracterizados por la introspección.

Sin embargo, el lenguaje oral resultará muy apropiado para las instancias de confrontaciones, fundamentaciones, justificaciones, explicaciones y debates de las propuestas arquitectónicas con definiciones más acabadas, y particularmente en la defensa final del trabajo, momento que demanda del alumno un dominio ajustado de su expresión verbal.

El lenguaje gestual en la propuesta proyectual

Un modo frecuente de expresión en el estudiante es la utilización de las manos como mímica para relatar la propuesta. En esta forma de expresión, los ademanes son modos espontáneos de gran valor plástico que se utilizan para remarcar ideas: se puede señalar la relación entre volumen y plano, entre espacio cerrado y cubierta. También indicar de un modo simbólico la estructura portante, el sentido radial del espacio o el entrelazado de formas que se intenta adoptar en el proyecto.

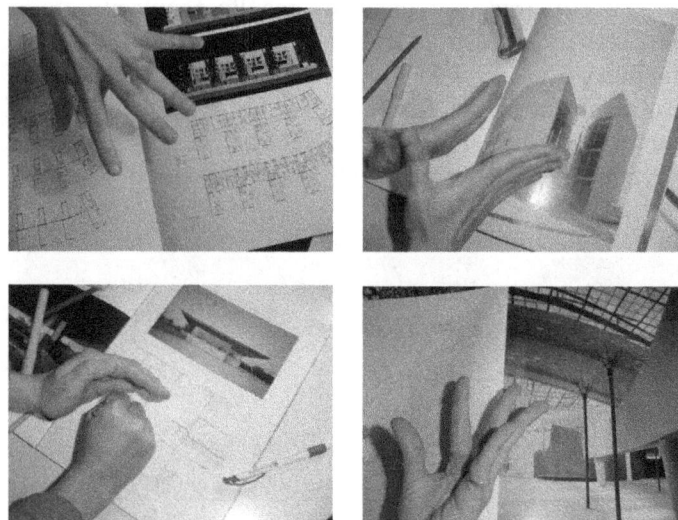

Este recurso expresivo es tan amplio y sugerente que no se lo utiliza como una forma de pensar, sino como forma de comunicar. Debemos reconocer este comportamiento del lenguaje de los gestos: no es, originariamente, material para elaborar ideas, sino sobre todo una metáfora, una apelación instintiva y complementaria de la comunicación verbal.

Las contorsiones y los movimientos de las manos operan como un acto reflejo, sobre el cual el autor pocas veces toma conciencia de su presencia. No son instrumentos de intrarreflexión personal, sino un modo instintivo de exteriorizar, un recurso explicativo comunicacional complementario del lenguaje oral. Desde este enfoque se debe prestar atención a esta figura exegética utilizada por el estudiante, que opera desde la gestualidad y que compromete a su propio cuerpo.

Un ejercicio docente muy meritorio es replicar y retrabajar este recurso expresivo, haciendo consciente el acto espontáneo: recreando sus formas, reiterando y decodificando esos gestos inicialmente mecánicos para incorporarlos al universo consciente y reflexivo del alumno. Extraerlos del circuito comunicacional para instalarlos en la construcción del sentido y valorarlo desde la significación.

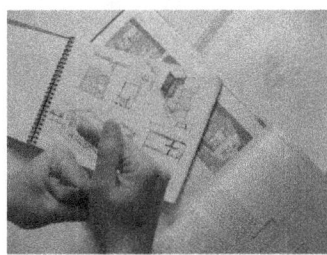 

Decodificar este orden expresivo resulta complejo, pero el ejercicio de reflexionar sobre él, interpretarlo, permite al alumno adquirir no solo su uso consciente, sino también poder utilizarlo con más pertinencia y expresarse con mayor elocuencia.

Al revelar el sentido de estos variados instrumentos de actuación proyectual que se han señalado, se construye el camino de acceso a un mayor y mejor conocimiento de las posibilidades de optimizar las capacidades de significación, afinando los mecanismos de en-codificación y decodificación cuya utilización perfeccionará las relaciones de pertinencia con el proyecto, particularmente con la estrategia que lo define.

El adiestramiento de estos lenguajes debe ser permanente a lo largo de toda la formación del alumno, y su perfeccionamiento continúa con la actuación profesional.

EL PROYECTO ARQUITECTÓNICO

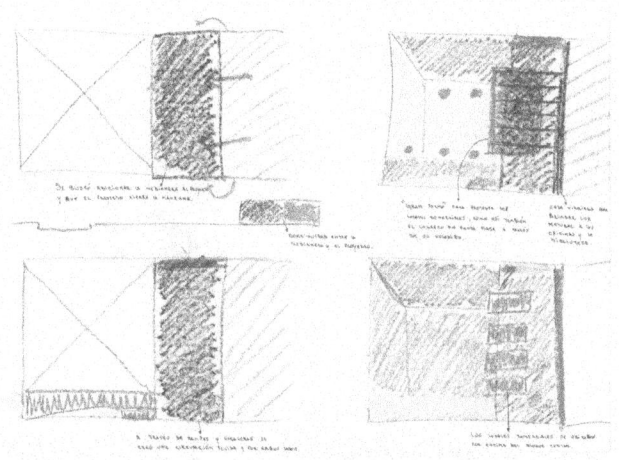

Franco Varesi

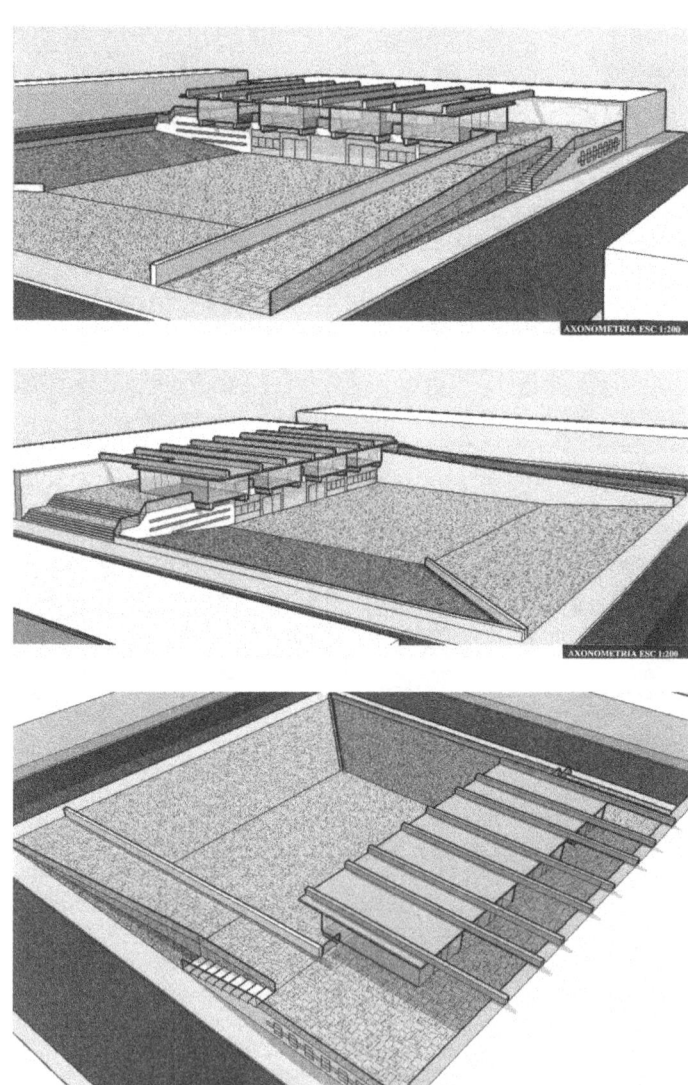

EL PROYECTO ARQUITECTÓNICO

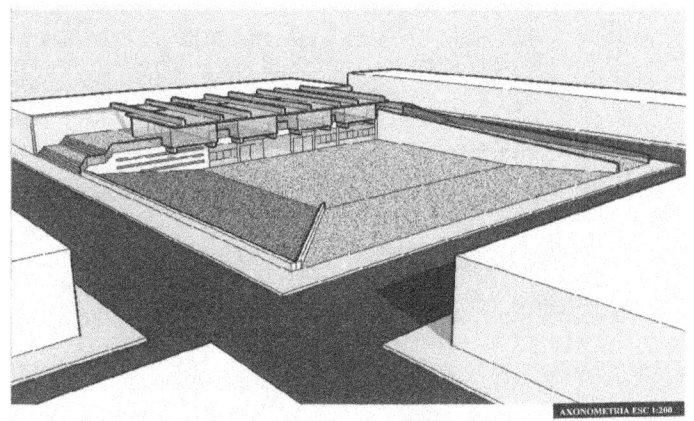

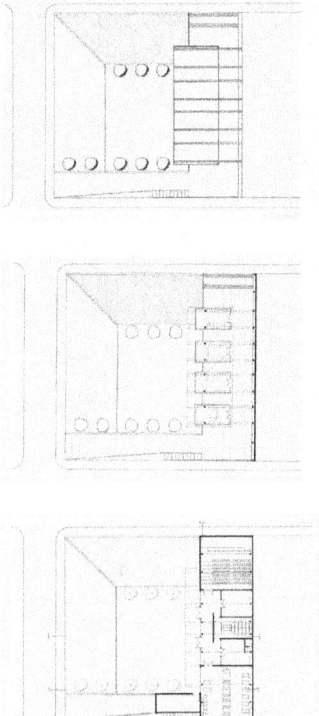

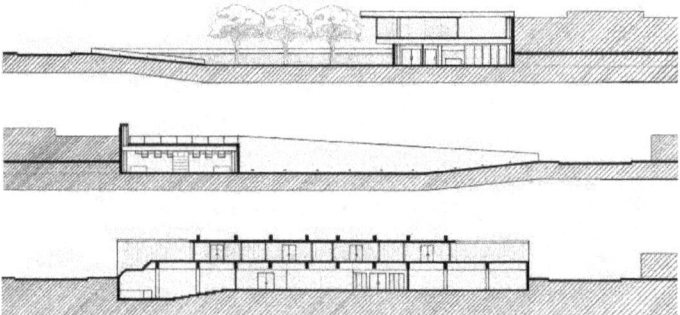

Franco Varesi

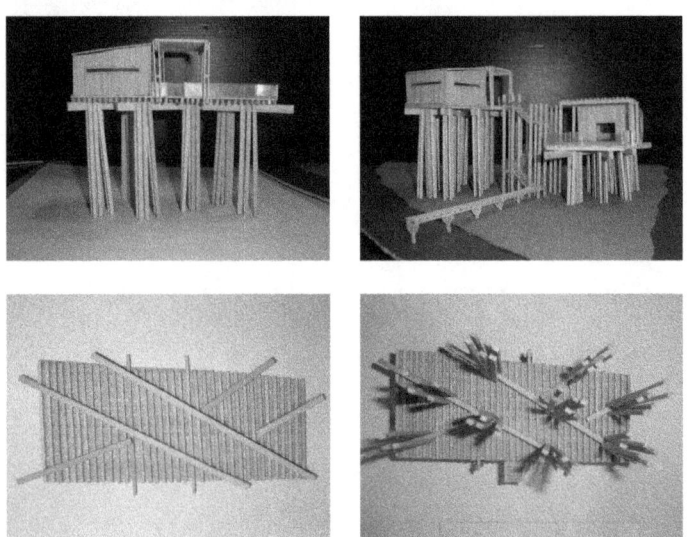

Vianina Sfascia

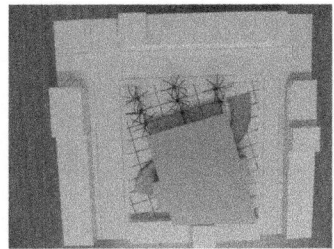 

Vianina Sfascia

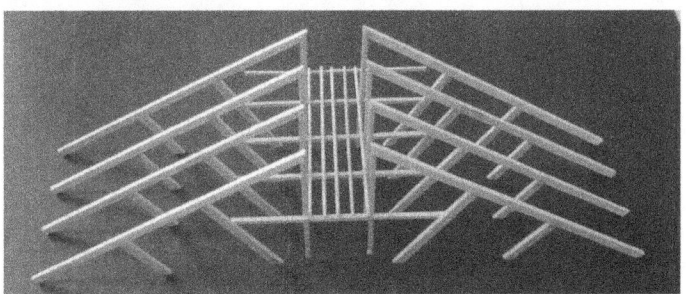

Valentín Radica

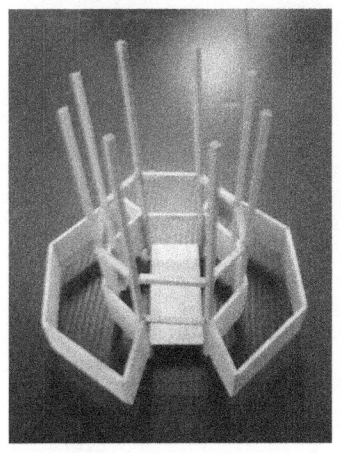 

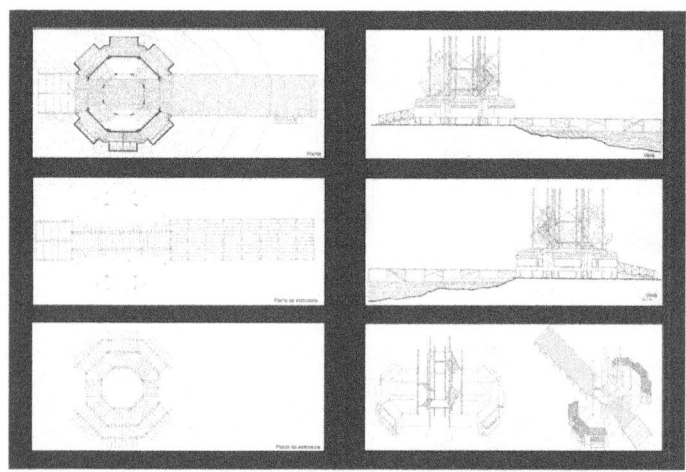

Rocio Pacio

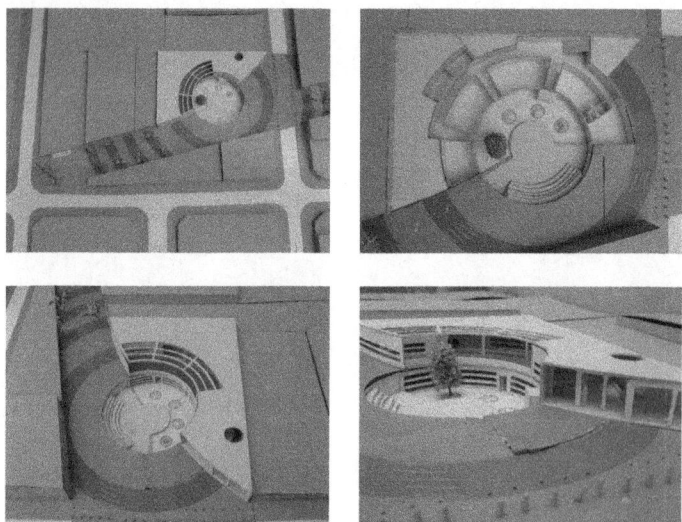

Claudio Negretti

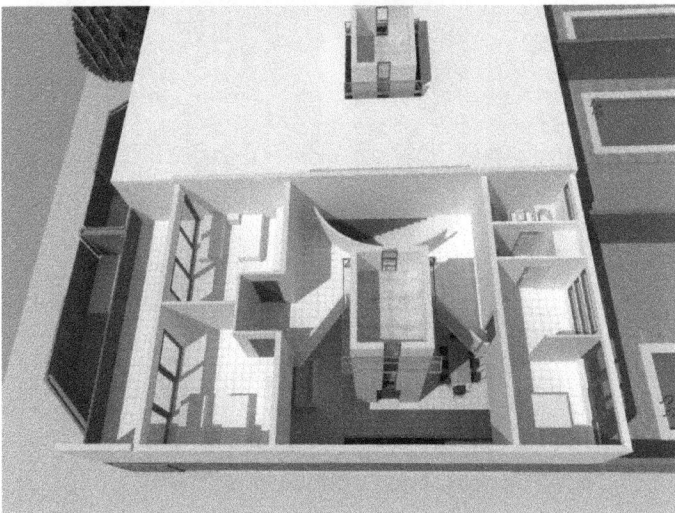

Claudio Negretti

 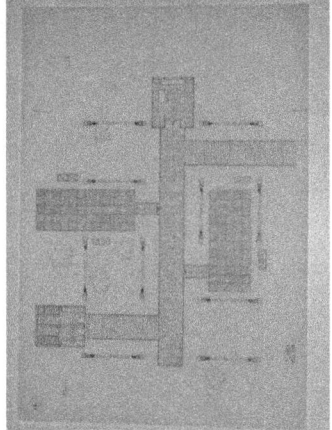

Leopoldo Marconi

EL PROYECTO ARQUITECTÓNICO

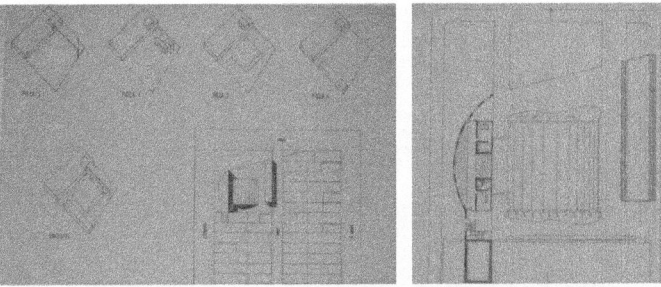

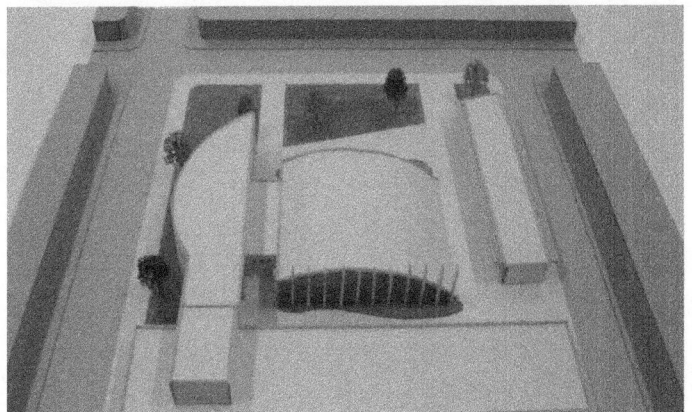

Leopoldo Marconi

LA CONDUCCIÓN DEL PROCESO PROYECTUAL

"La enseñanza de la arquitectura necesita de vigor, espacio, una concentración y una obsesión y, a su vez, que eso lo sientan los propios docentes porque es la única manera de enseñar a aprender. Enseñar a aprender es ser exigentes y ser convincentes".
Justo Solsona[32]

La tarea docente es proveer los conocimientos proyectuales pertinentes a un determinado nivel de aprendizaje. Esto es imprescindible en tanto el proyecto que el alumno elabora será la puesta en acto de estos conocimientos, el medio por el cual logre aprehenderlos, y por tanto, objeto de evaluación. Corresponde al docente conducir y estimular los procesos que el alumno lleva adelante, orientando con su experiencia proyectual la selección de estrategias adecuadas a los propósitos del proyecto. Las pequeñas luces que el alumno propone deben ser consideradas por el docente. Esto requiere mucha atención y sutileza: en el reconocimiento de las posibles claves del proyecto está la mejor herramienta con que se cuenta para que el alumno encuentre confianza en su maestro. Reconocerá que el docente lo ha interpretado, que lo ha esclarecido en aspectos que él tan solo había vislumbrado, que su trabajo puede mejorar y perfeccionarse al lado de alguien que lo encauza y acompaña.

Esta relación genera un cierto crédito que se debe promover. No se aprende sin la confianza en quien guía, y el docente debe acompañar a los alumnos en el cambio. Ellos

---

[32] Solsona, J., "Contextos. Educar en democracia", *Revista de la FADU UBA*, Buenos Aires, otoño de 2004, p. 218.

aprecian que también el docente tenga "una memoria de sus trabajos", es decir, que reconozca momentos previos, las dificultades transitadas, incluso aspectos de los proyectos anteriores que ha realizado en el curso. El "historial" del proyecto no se refiere a una simple secuencia histórica del proceso, sino a los momentos de importantes transformaciones, los puntos clave desde los cuales se generan recomposiciones que perfeccionan la propuesta. Estos sucesivos *insight* tienen que ver con los momentos de acuerdo con los distintos ejes que atraviesan el proyecto.

Buena parte del aprendizaje está en el recuerdo y la documentación de estos verdaderos "saltos del proyecto": la organización distributiva de los espacios que proveerán un eficiente ámbito para las actividades, la decisión y los procedimientos de recomponer la volumetría para lograr una mejor relación con el sitio, la instancia y las operaciones de revisar medidas y proporciones para obtener adecuada expresión formal, el momento y el modo de revisar la estructura portante para consolidar un orden general o la revisión de la expresión general de la obra, definiendo su materialidad.

Este tipo de operaciones deben estar presentes en la mente del alumno, no como un recordatorio de lo sucedido, sino como procedimientos paradigmáticos, gestos y actuaciones a recrear en otras circunstancias.

En este planteo es primordial que al docente "le importe lo que hace el alumno" y "comparta el proyecto". Sin esta conexión no hay producción co-operativa posible. Resulta conveniente que también el docente lleve un registro, la síntesis gráfica de cada trabajo, que le sirva como una breve reseña de la estrategia utilizada y funcione como una ayuda memoria imprescindible para repensar posibles superaciones y alternativas de ajustes.

En la experiencia cotidiana del alumno, comprobar que las ideas que está manejando en su proyecto también preocupan al docente resulta muy positivo, ya que reconoce en quien lo guía un eco de su accionar. Que el alumno descubra que el docente "también tiene el proyecto de su mente" y permanentemente esté pensando en él genera una conducta imprescindible para la mancomunada dinámica en el taller. ¿No es esta la obsesión docente que demanda el arquitecto Justo Solsona?

El docente debe actuar como un tutor que orienta y sitúa con anticipación las condiciones probables, explicando y demostrando los aspectos positivos o negativos que las propuestas promueven, y especialmente reorientando el trabajo hacia los objetivos fijados: es importante, al ir definiendo la propuesta, sostener los fundamentos y reconocer eventuales desvíos. Conduce en el sentido que orienta y ayuda a recorrer; enseña en el sentido que aporta conceptos; y entrena en tanto instruye en las técnicas y estrategias necesarias para lograr un objetivo. Por lo tanto, las virtudes necesarias del docente son sólidos conocimientos y vasto entrenamiento.

En estas instancias es valioso que el docente hable a los alumnos tanto de su propia experiencia proyectual como la de otros alumnos, mostrando diferentes trabajos y los sucesivos pasos que se realizaron. Desde estos relatos es muy positivo explicitar con casos concretos ejemplos de aproximaciones a la dinámica del proyecto, sus caminos, sus obstáculos y sus hallazgos. Incluso es provechoso que mencione las dificultades que permanentemente encuentra el arquitecto en su tarea. Estas experiencias personales no deben abrumarlos o cohibirlos; por el contrario, para que sean útiles a los alumnos, deben ser siempre miradas como tentativas o experimentaciones similares a las que ellos atraviesan.

Resulta interesante que el docente manifieste sus propios obstáculos y las formas en que los superó, de este modo los alumnos comprenderán que sus incertidumbres, dilemas y dificultades existen aún en quienes tienen más entrenamiento. Para que estos relatos sean provechosos deben funcionar como puntales en el aprendizaje y ser ejemplificadores de estrategias proyectuales y tácticas de desarrollo posibles de utilizar.

En estas instancias, es conveniente y es legítimo que el docente y los alumnos analicen y debatan conjuntamente: deben sentirse cómplices. Existe en algunos ambientes académicos una cierta irritación y desconfianza por esta estrecha relación entre docente y alumno, pero desde otra perspectiva, Torrence[33] plantea que entre las mayores trabas a la creatividad está la pérdida de la "intimidad" (convivencia) entre maestros y alumnos.

En esta estrecha relación, el docente no tiene que ocultar las indecisiones y las inseguridades por las que transitan estas experiencias. Debe actuar con naturalidad compartiendo las mismas dudas que tiene en su propia experiencia proyectual como arquitecto y advirtiendo cómo enfrentar las dificultades. Este trabajo conjunto entusiasma a los alumnos, pues ellos se sienten acompañados en su permanente toma de decisiones, intrínseca del proceso.

Este es el momento para referir las repercusiones que tiene cualquier acción propuesta en el proceso: así se podrá comprobar que mover la estructura requerirá un ajuste de otros componentes del proyecto o que incluir una métrica ordenadora significará rever los espacios y sus proporciones.

Es aquí donde se verifica la relación enseñanza-aprendizaje como un límite difícil de precisar y donde los roles se entrecruzan. Se transfiere el "saber hacerlo" ejercitándolo

---

[33] Torrence, E. P., *Orientación del talento creativo*, Buenos Aires, Troquel, 1969; y *Desarrollo de la creatividad del alumno*, Buenos Aires, AID, 1970.

conjuntamente. Esta experiencia debe ser compartida de forma mutua: docentes y alumnos son compañeros de ruta en el trabajo. Esta co-laboración debe ser tanto práctica como teórica, cada acción debe ser debatida, cada operación debe ser fundada teóricamente, cada acto debe ser significado.

En estos casos es necesario proponer al alumno que arriesgue un juicio, que valore una condición del espacio o una resolución formal. De este modo comprende el complejo mecanismo a que se somete la propuesta, donde cada opción abrirá nuevas posibilidades y cerrará otras.

Por todo ello, enseñar en qué consiste la actividad proyectual nunca puede estar por fuera de la personal experimentación del alumno. La dinámica proyectual no se recita, ni se ilustra en cuadros de pizarrón o *PowerPoint*: se ejerce en el trabajo proyectual, en el "tablero" donde se toman las decisiones fundantes que se desarrollan y justifican en el proceso de trabajo.

En la enseñanza del proyecto arquitectónico se debe considerar la apropiación de los conocimientos, los medios, las habilidades necesarias para su ejercicio, en tanto cada uno de ellos tiene sus momentos y formas específicas de adquisición.

La tarea del docente es construir adecuados caminos para facilitar al estudiante la conformación y apropiación de los conceptos, los objetivos, los medios y las operaciones que conforman el universo teórico-práctico del proyecto arquitectónico, reconociendo que aquellos solo se desarrollan y se internalizan en el seno mismo del proceso proyectual. Esta acción docente debe fundarse en la crítica reflexiva de los trabajos, instituida en los objetivos arquitectónicos propuestos para el proyecto o resignificados durante el proceso, evitando caer en opiniones arbitrarias que desorienten al alumno.

Con el desarrollo de la formación del estudiante, con nuevos niveles de conocimientos, con la inmersión progresiva en el universo disciplinar y un mejorado entrenamiento proyectual, aumentan las exigencias académicas y correlativamente la lógica demanda de una creciente producción autónoma y personal, emancipación que solo se activa por medio de una sostenida práctica proyectual.

Javier Seguí de la Riva define y precisa la actuación que el proyecto demanda: "Proyectar arquitectura es un oficio, un quehacer práctico soportado en la destreza de anticipar y proponer soluciones constructivas de albergue a las actividades humanas –discretizadas y significadas por las sociedades–, y aunque es un oficio complejo y abierto, no deja de ser por eso un quehacer disciplinado soportado por una enorme cantidad de rutinas estimulativas, operaciones significativas y evaluativas".[34]

Estrategia didáctica para la enseñanza de las estrategias proyectuales

Es frecuente replicar de modo directo en la didáctica de la enseñanza el formato de las prácticas de trabajos realizadas por idóneos; o para decirlo con más claridad, solicitar al alumno actuaciones que son literalmente modos de trabajo de experimentados expertos en estrategias proyectuales. Es el caso de aquellas solicitaciones docentes que están más cerca de las bases de un concurso de arquitectura que de una propuesta pedagógica sobre el aprendizaje proyectual.

También resulta preocupante que en algunos planteos pedagógicos tradicionales los alumnos, dadas sus naturales limitaciones respecto al dominio de estas necesarias

---

[34] Seguí de la Riva, J., *op. cit.*, p. 116.

estrategias, se debatan en el taller tratando de avanzar en un proyecto sin la necesaria consistencia disciplinar. Desde esta debilidad estructural tampoco será posible obtener un desarrollo coherente y adecuado del trabajo, ya que las tácticas de desarrollo no encuentran sustentos efectivos.

Se ha demostrado que en general no es justo esperar que el alumno de los cursos iniciales produzca con autonomía estrategias proyectuales, ya que son conocimientos de cierta complejidad, y por lo tanto, difíciles de adquirir. Se debe tener en cuenta que a esta altura de su formación y por su escasa experiencia es probable que solo tenga propuestas difusas, débilmente estructuradas o fragmentadas, debido a una lógica limitación: su reducida experiencia en el campo proyectual y el escaso desarrollo de su capacidad de síntesis.

Unos de los logros más interesantes de la investigación realizada es que ha demostrado con claridad que en los alumnos iniciales la evolución y el crecimiento de las competencias y aptitudes proyectuales se desarrollan a la inversa del modo en que se plantean en el proceso proyectual.

La lógica del proyecto implica definir una estrategia y desarrollarla por medio de tácticas congruentes. Sin embargo, los alumnos tienen un modo de comprensión y evolución de sus habilidades contrario a esta lógica. *En ellos, la lógica de apropiación del conocimiento proyectual avanza desde su idoneidad para operar tácticas de desarrollo hacia la formulación de estrategias proyectuales.*

¿Cómo resolver esta contradicción entre lógica del proyecto, que inexcusablemente debe resguardarse, y un camino de acceso al conocimiento del alumno que es inverso a las instancias del desarrollo del proceso proyectual? ¿Cuáles son los recursos pedagógicos que admitiendo esta realidad puedan ser aptos para la correcta formación proyectual del alumno?

El proceso proyectual debe ser desarrollado sin desvirtuar su lógica interna; no importa si quien lo ejerce es un experto o un principiante. La estructura pedagógica que aquí se plantea para los cursos iniciales preserva esta ineludible condición estructural del trabajo proyectual, pero actúa sobre los grados de autonomía del alumno. Por lo tanto, *en los momentos de definición de las estrategias proyectuales el apoyo docente se acentúa y se demanda al alumno un mayor compromiso personal en las tácticas de desarrollo.*

Por ello, en las primeras etapas del aprendizaje es necesario considerar que la autonomía de su actuación estará montada sobre sus capacidades para implementar estrategias antes que formularlas. Esta propuesta que respeta el camino de acceso a la construcción del pensamiento arquitectónico del alumno ha dado excelentes resultados. El estudiante desarrolla capacidades proyectuales desde una lógica enraizada en un proceso de conformación y de actuación en la dinámica del proyecto que le permite progresivamente y con creciente autonomía generar estrategias por sí mismo.

De este modo, el accionar estará fundado y respaldado por las estrategias proyectuales que han sido debatidas, elaboradas y definidas conjuntamente y llevadas al más alto grado posible de calidad. El alumno estará inmerso en un proceso cargado de sentido, potente, que permitirá generar un proyecto sólido en términos arquitectónicos.

En la versión convencional de la enseñanza del proyecto se le exige al alumno una absoluta autonomía en la construcción de las estrategias, y el docente luego observa distante las tácticas de desarrollo. Aquí se formula y justifica un mecanismo inverso: desde esta concepción del aprendizaje en los niveles iniciales, se propone al docente apuntalar fuertemente la construcción de estrategias proyectuales que es la dimensión más compleja de la experiencia de

EL PROYECTO ARQUITECTÓNICO   103

producción, el nivel más difícil de alcanzar, exigiendo en cambio un mayor compromiso individual del alumno en el trabajo con las tácticas de desarrollo que son acciones más accesibles.

En estas primeras instancias propositivas el docente no solo acompaña al alumno en el reconocimiento y la búsqueda de estrategias proyectuales, sino también supervisa que las tácticas utilizadas resulten adecuadas. Las capacidades progresivamente adquiridas le permitirán actuar con mayor autonomía en futuros momentos de maduración e idoneidad en la determinación personal de las estrategias proyectuales.

En esta propuesta, la expresión "aprender haciendo" debe ser completada con "aprender haciendo con el docente". Dicho de otra manera: en la acción proyectual que el alumno realiza como aprendizaje, el docente también debe involucrarse.

Con una mayor ejercitación y un fortalecimiento de sus habilidades, el alumno adquirirá de manera progresiva la facultad de proponer con autonomía las estrategias novedosas, seguramente consistentes y renovadoras. Para un alumno, aprendiz de la disciplina, es probable que el inicio de la acción proyectual resulte errático y plagado de dudas, pero este desarrollo del proceso debe ordenarse y/o encararse desde lo general. La oferta del docente es guiar hacia una estrategia que defina la estructura conceptual, integradora y generativa del proyecto.

La calidad y eficiencia de la tarea docente radica especialmente en la capacidad de orientar y apelar a pertinentes estrategias proyectuales convocantes del proyecto, en relación con los aspectos más significativos de la propuesta que el alumno primariamente ha elaborado. El docente debe co-laborar en la construcción de la estrategia proyectual, y esta debe tener un fuerte vínculo con lo que el alumno ha manipulando para que se sienta partícipe de las decisiones y las asuma como propias.

La clave está en concensuar, no en imponer. El alumno con escasa experiencia proyectual no pocas veces está inmerso en una gran confusión en la que debe ser auxiliado. Intenta proponer algunas ideas incipientes que deben ser atendidas, y su creatividad personal debe ser estimulada pero también orientada.

El docente debe saber que no es posible trabajar de forma positiva si la estrategia no está comprendida y asumida por el alumno. Es fundamental que este la reconozca como propia, que el docente le ha dado solo algunas claves fundamentales, ha colaborado para poner en caja el proyecto, y que aún se requiere un intenso proceso de ajuste, perfeccionamiento, profundización y verificación que el alumno debe realizar utilizando tácticas de desarrollo.

Desconocer las necesarias relaciones de afinidad entre estrategias y tácticas de desarrollo proyectual puede malograr el destino de una buena opción inicial. Por ello será necesario la aplicación de tácticas de desarrollo pertinentes, como así también contar con una actitud abierta a permanentes reajustes y revisiones.

El alumno sabe que le espera un largo trecho lleno de satisfacciones y algunas penurias. Comprende que para ello debe trabajar con fuerte compromiso, pero también espera que le asignen competencias y le brinden los recursos que este desarrollo demanda. El docente lo orientará también en la tarea de perfeccionar, cuidar y defender la estrategia adoptada:

- Perfeccionarla, porque necesita ser desarrollada, mejorada y clarificada.
- Cuidarla, porque no puede ser traicionada. Si se considera que no funciona debe ser abandonada.

- Defenderla, si se considera adecuada. Respaldar y fortalecer sus argumentos, preservando sus fundamentos conceptuales, sustentando sus ventajas operativas y custodiando sus bases arquitectónicas.

Definida la estrategia, luego de una ardua etapa de trabajo, hay que relanzar todo el proceso, concretar su reingeniería desde la clave asumida y deseada: todo parte ahora de lo querido.

Desde este lugar consistente el alumno desarrollará su trabajo con confianza y en un camino posible de transitar. A partir de aquí, la estrategia será "aquello que no se puede resignar / renunciar", ya que es lo que consolida el proyecto, su anclaje y organización.

Es frecuente escuchar de los docentes que ellos "dejan hacer al alumno lo que quieran". Pero detrás de esta pedagogía de la libertad creadora el alumno recorre caminos muy alejados de una consistente fundamentación proyectual, y la sustancial y necesaria formación en el saber arquitectónico se desvanece en una inerte propuesta carente de ideas claras, de significados productivos.

No pocos colegas docentes verán consternados esta "sacrílega propuesta" en la que el docente interactúa con el alumno. Sus críticas son conocidas: "El docente no debe meter mano en el trabajo"; "el docente le soluciona el proyecto al alumno" o "si el docente interviene en el trabajo, el alumno no piensa". Estas expresiones tienen un claro acto fallido: el alumno no "resuelve" proyectos, el alumno está aprendiendo la teoría y la práctica del proyecto arquitectónico, se está entrenando en la dinámica proyectual, y esta diferencia es crucial.

Algunos docentes suelen confundir y equivocar su actuación en el taller al suponer que el alumno ya es un "arquitecto" al que simplemente le reclaman que "resuelva proyectos". Los estudiantes de Arquitectura no son acabados conocedores de arquitectura, de sus instrumentos y sus operaciones. Por el contrario, carecen de estos saberes y deben aprenderlos. Por ello vienen al taller para adquirirlos en sus prácticas proyectuales.

Debe entenderse, por lo tanto, que el alumno está en busca de conocimientos y habilidades, que debe instruirse en la disciplina de la arquitectura con la teoría y práctica del proyecto arquitectónico, que necesita desarrollar la actuación proyectual. Estas cuestiones no se aprenden por fuera de procedimientos específicos que hacen posible una efectiva concreción del proyecto.

No existe campo del conocimiento alguno: medicina, derecho, economía, etc. que considere en la enseñanza que el docente debe abstenerse de dar claras y precisas indicaciones a los alumnos sobre los mecanismos y las prácticas utilizados en cada disciplina; y menos aun, abandone el aprendizaje al libre albedrío del alumno.

Enseñar "el saber hacer" de la práctica proyectual no significa mera transferencia de conocimientos, sino guiar el aprendizaje. En este proceso compartido se suceden distintos niveles de intervención, ya que el alumno, en su progresivo avance en la carrera, adquiere conocimientos y destrezas que le otorgarán una lógica y sana autonomía necesaria para su futura actuación.

El docente debe ser prudente en su desempeño y no adelantarse a las posibilidades del alumno; es aconsejable dejarlo con preguntas pendientes que lo impulsen a la búsqueda de alternativas. Una cuestión importante en el desarrollo del trabajo es definir el momento de "soltar la mano" para que recupere su propio equilibrio. No es saludable exigir autonomía al alumno en los momentos en que el proyecto no ha adquirido todavía una cierta solidez, ya que no tiene, en su escasa experiencia, suficientes herramientas para avanzar en soledad sobre un campo tan endeble.

El momento propicio es aquel en que el proyecto adquiere una cierta consistencia y estabilidad que se delimita cuando se han fijado las intenciones proyectuales, se han acordado los principios básicos de su desarrollo y se han internalizado las ideas que fundan su propuesta. El alumno podrá avanzar orientado y consciente del rumbo elegido. Trabajará y re-trabajará sobre un campo fértil, un campo que tenga una semilla, un punto de apoyo, una base para impulsar el desarrollo.

Esta vuelta a su íntima responsabilidad personal deber ser orientada de modo que sienta el deseo profundo de hacer nuevos avances por él mismo. En este estado, los alumnos, por lo general, se repliegan y anhelan jugarse personalmente en la búsqueda de nuevas decisiones y precisiones que el proyecto demanda. Intentarán una mayor autonomía y por ello agudizarán su trabajo ensimismado.

Este trabajo introvertido es inevitable por las características de los ingredientes que lo conforman: aquí participan la intuición, los deseos, la imaginación, componentes que no pueden manejarse por fuera del campo personal. Por ello el docente debe aproximarse al alumno tratando de que este reconozca que debe operar con factores sutiles, que resultan inasequibles o por lo menos renuentes para operarlos fácilmente en una relación interpersonal. En estos momentos del proceso proyectual el docente y el alumno deben ser conscientes de la presencia de estos factores, se deben explicitar estas circunstancias.

Para ver con más claridad estos momentos de los aprendizajes que se proponen, es conveniente analizar la actuación del docente y del alumno en las distintas fases del proceso proyectual.

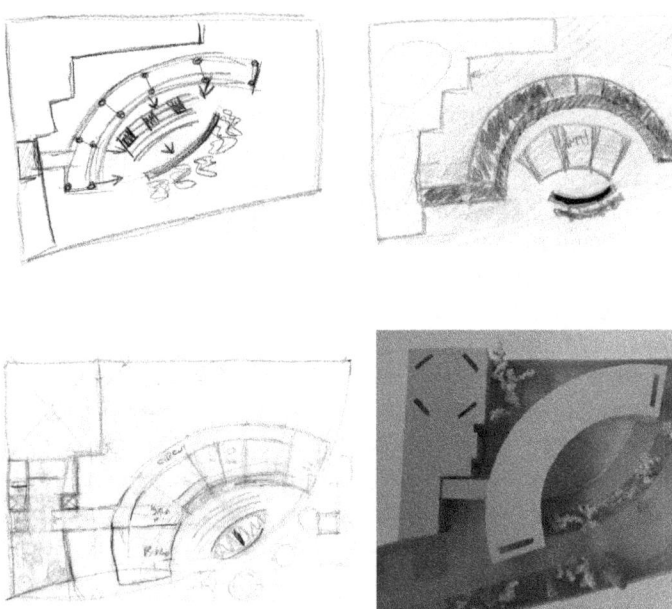

David Michaliek

Los momentos iniciales: expectativas y curiosidad

La iniciación del proyecto tiene siempre aspectos estimulantes para el alumno: la novedad del tema, las expectativas sobre los nuevos aprendizajes que se proponen, la oportunidad de un naciente desafío. Esta etapa introductoria está siempre infiltrada de un sentido de novedad que resulta positivo. El alumno en general es receptivo y permeable hacia nuevas propuestas de trabajo. Es el momento propicio para incentivar el acceso a caminos aún no explorados. Es importante aprovechar esta predisposición, esta apertura, para estimular al alumno a sumergirse en

EL PROYECTO ARQUITECTÓNICO

el nuevo problema que se le plantea. "Tirarse a la pileta" ya es un gran paso: aceptar el desafío propuesto, iniciar una nueva etapa.

En este momento es importante la motivación, favorecer aquello que incentive al alumno. Provocar y desafiar es un recurso que debe suministrarse con mucho cuidado, pero es imprescindible motivar, implicar al alumno con el fin de lograr una buena disposición para la acción proyectual. La tarea docente es insostenible con alumnos sin interés en el trabajo.

La visita al sitio donde se desarrollará la propuesta, el reconocimiento de los diversos aspectos que abarcará el trabajo, las "promesas de aprendizaje" que se anuncian en los objetivos, son siempre móviles tangibles que deben ser considerados como auspiciosos. Estos momentos iniciales que se abren, cargados de interés y curiosidad, no deben ser defraudados. Para ello es útil hablar sobre las posibilidades que el trabajo despliega. Se debe crear un clima de expectativas lo suficientemente estimulante como para otorgar confianza en el alumno, pero razonable como para no infundir aspiraciones superiores a sus reales posibilidades.

Deben evaluarse los recursos con que cuenta el alumno en el arranque de la nueva experiencia; apoyarse en ellos para promover respuestas que los pongan en juego, y a la vez crear nuevas demandas motivadoras para que los avances conceptuales y operativos del nuevo trabajo encuentren un terreno fértil para su desarrollo y avance.

Un error frecuente en la enseñanza es plantear problemas demasiado complejos. Esta situación resulta perturbadora y atemorizante. Es importante calibrar esta dimensión del "salto" que se le propone al alumno. Si durante una experiencia proyectual se detecta esta situación negativa, el docente debe replantear su propuesta pedagógica, proceder a su revisión o adecuación.

El ser humano posee una conciencia activa, crítica, y con ella está impulsado a desarrollar acciones con intencionalidades, en tanto tiene la capacidad de construir conocimiento. En este proceso de aprendizaje el docente opera como facilitador de esa construcción que debe ser elaborada desde sus potencialidades creativas. Por ello el docente no solo debe brindar estímulos externos, sino también apoyar esa construcción creativa y deseada en la que ambos deben participar con entusiasmo.

Las expectativas sobre un nuevo trabajo son motivaciones apropiadas para indagar sobre el problema planteado, investigar y consultar sobre las cuestiones implicadas. Conocer y analizar algunos casos similares, juzgarlos y evaluarlos. Pensar en aspectos superadores y reconocer la complejidad del problema. Es una etapa de preguntas para definir los objetivos, de reconocer aspectos sobresalientes del sitio, de interesarse en tecnologías que se consideran apropiadas, etc.

Ejemplos sobre soluciones de problemas similares pueden ser útiles como disparadores a nuevas propuestas, pero no debe quedar flotando la idea de que ya está todo hecho o se hará más de lo mismo. Es el momento para que los alumnos vislumbren el camino a recorrer, advirtiendo un horizonte alcanzable a sus capacidades.

Comenzando el recorrido: luces y penumbras

Los modos de iniciación de los trabajos son variados y deben ser seleccionados apropiadamente, dado que la manera de abordar el proyecto es una condición cargada de sentido. Según la naturaleza del tema, los objetivos pedagógicos y las implicaciones propuestas resulta conveniente fijar un formato de inicio adecuado de manera que también ese modo de comenzar signifique para el alumno un sentido ordenador de su tarea.

Es conveniente hablar sobre los caminos posibles, las múltiples puertas de entrada: trabajar sobre la evolución de algunos casos existentes, replantear, transformar y puntualizar que el proyecto no requiere necesariamente planear acciones revolucionarias, como la innovación total o la invención absoluta. Se debe comprender que la originalidad es también "volver al origen", aprender desde los casos paradigmáticos.

Un material bibliográfico bien seleccionado de textos y de obras de arquitectura puede ser un aporte fecundo, al reconocer, analizar y hacer lecturas proyectuales adecuadas. El rol del docente en estos momentos iniciales es el de aportar obras de bibliografía o visitas a obras (referencias), para estimular la construcción de lecturas proyectuales que puedan convertirse de esta manera en experiencias provocadoras y motivadoras que actúen como disparadores de la propuesta.

El material bibliográfico para analizar y reflexionar no tiene necesariamente que ajustarse al tema propuesto, lo que puede generar una tendencia a "repetir el modelo". Una mayor libertad en la indagación bibliográfica aporta a la generalización de los ejes conceptuales que atraviesan el proyecto y provocarán respuestas de un rango más amplio y diverso.

También será oportuno orientar al alumno para que intente algunas soluciones desde una postura más lúdica, que se permita libertades: se puede sugerir trabajar combinando cajas de cartón, armando formas con papel u objetos cotidianos, interpretar sus propios dibujos en busca de algún sentido, estimulando la imaginación y creando resultados latentes de significación.

Estas experimentaciones tienen dos aspectos positivos: por una parte, vinculan al alumno con elementos que son utilizados como aperturas a hallazgos inesperados, favorecen una actitud más abierta para el diseño, generan un tipo de trabajo más libre. Por otra, este lenguaje de formas espaciales o gráficas para exponer sus ideas auspicia la participación del docente sugiriendo posibles transferencias proyectuales. La vertiente lúdica para el aprendizaje debe ser sabiamente conducida, es un recurso para provocar la acción, pero no por ello debe estar ausente la etapa analítica y crítica que definirá las ideas, conceptos básicos que reorientarán el trabajo. Remitir el desarrollo del trabajo solo a estas instancias de libertad tiene sus riesgos; una actividad carente de reflexiones y juicios disciplinares puede desviar una propuesta alejada de la arquitectura, del mismo modo que remitir el proyecto a resoluciones excesivamente controladas y racionales puede generar propuestas sin innovación e imaginación. Este necesario equilibrio debe ser considerado con seriedad por el docente, dado que el carácter, las cualidades y los niveles de maduración del alumno están puestos en juego.

El estado inicial del trabajo del alumno es el momento para señalar los aciertos, algunas pistas sutiles que pueden ser el germen de su propuesta. Estas pequeñas luces que puedan detectarse en el trabajo son de gran utilidad, pues en ellas se pueden vislumbrar los puntos sobre los cuales se apoyará el desarrollo de la propuesta.

Es una buena circunstancia para situar de nuevo los propósitos del trabajo. Por ejemplo: reafirmar los objetivos, señalar las oportunidades que ofrece el sitio, revalidar aspectos significativos que el proyecto debe atender. Se requiere una cierta sensibilidad y mucha imaginación para ayudar a descubrir algunos hilos sutiles que su trabajo ofrece: un juego de direcciones espaciales, un modo de articular formas básicas, el carácter lineal del conjunto o una potencial espacialidad son algunos de los temas arquitectónicos que pueden conformarse como futuros puntales del proyecto.

En el estado germinal del trabajo suelen aparecer propuestas ambiguas, pero una mirada atenta y comprometida del docente puede ayudar a encontrar el sustento del proyecto y evitar una nueva salida decepcionante de ese partir de cero. La función de quien guía esta instancia es mostrar aquellas cosas latentes que pueden adquirir fuerza: interpretar el material del alumno con un criterio reflexivo, ayudando a seleccionar aquello que tiene potencialidad y a descartar aquello que interfiere para una clara definición. De este modo, el alumno podrá reconocer que su trabajo no ha sido en vano, que ha encontrado algunas puntas que se valoran, y por lo tanto, se propondrá explorarlas.

Este "ayudar a descubrir" es necesario, ya que el alumno en niveles iniciales no siempre puede comprender con plenitud la tarea de construir estrategias, y por ello debe ser orientado. Aquello que se le señale será un aprendizaje importante para el alumno, comenzará a entender y valorar distintos aspectos arquitectónicos de la operatoria con los ejes y sus interacciones, logrando así verificar personalmente los ajustes sobre los cuales avanza su trabajo.

La enseñanza proyectual es un proceso de comunicación, de comprensión compartida. Puede entenderse como "una construcción guiada del conocimiento, donde unas personas ayudan a otras a desarrollar su comprensión";[35] coadyuva a la construcción de las estructuras conceptuales de la disciplina.

---

[35] Mercer, N., *La construcción guiada del conocimiento. El habla de profesores y alumnos*, Barcelona, Paidós, 1997.

Las búsquedas: introspección y prevención

En estas circunstancias es probable que surja la necesidad de iniciar la búsqueda de una propuesta fundacional. El alumno intentará forjar algunas ideas, pero no tratará de ofrecerlas al docente, antes debe proponérselas a sí mismo. Al comenzar a urdir la trama, inaugura una etapa de cierta hostilidad hacia el mundo exterior, será renuente a mostrar lo que plantea. Es una búsqueda muy personal y toda intromisión en su ámbito privado resonará como amenazador para sus propios desafíos, donde cualquier otro actor será visto como un antagonista. Estas instancias no deben ser interferidas. El alumno se recluye en su mundo íntimo, con una actitud reservada, que algunos autores, como Sofía Lethelier[36] definen como "incubación". Por lo tanto, no debe ser perturbado en este esfuerzo personal por generar ideas propias. Una maquinación interior, en cierta medida agobiadora pero desafiante, será el complejo proceso desde el cual tratará de obtener resultados personales.

Esta actitud refractaria a cualquier sugerencia externa debe considerarse muy positiva: nos habla de la intención que el alumno tiene de comprometerse personalmente en el problema. No solicita ayuda, aun cuando la necesite, porque será para él una interferencia en su experimentación para obtener respuestas propias y genuinas.

No es una etapa tranquila, sosegada; probablemente resulte salpicada de desaliento por las soluciones que no se concretan o por las propuestas que no satisfacen. Es una etapa solitaria, difícil para el alumno y expectante para el docente. Para el primero, porque se encierra en su mundo buscando y desafiando su capacidad. Para el

---

[36] *Op. cit.*

segundo, porque está impedido de intervenir, consciente de la extrema susceptibilidad de su interlocutor.

El alumno recurre al dibujo o a la maqueta, que no son utilizados como lenguajes de comunicación, sino como elementos de reflexión: un "diálogo silencioso" con su producción. Es probable que en los estudiantes de los primeros cursos esta situación se torne en estancamiento y genere un lógico malestar, una toma de conciencia de sus limitaciones para enfrentar el desafío y cierto desaliento cuando la definición se demora.

La etapa de incubación debe ser respetada, pero el docente debe regular los tiempos evitando que este "trance" resulte paralizante, que la crisis productiva entre en una eterna encrucijada. Los espacios en blanco son poco productivos y un exceso de ensimismamiento expone al alumno a una actitud obsesivamente negativa, que no pocas veces genera un sentimiento culposo. No le resulta fácil enfrentar las frustraciones, y en cierta medida siente una lógica vergüenza de exponer su trabajo al que reconoce imperfecto, incompleto o débil: "el proyecto no sale".

Este momento requiere del alumno un cierto esfuerzo, y su desconcierto puede interpretarse como una actitud negligente. Diagnóstico rápido: "apatía frente al trabajo planteado. Falta de voluntad para la tarea a realizar". Es importante analizar las auténticas dificultades por las que atraviesa, como así también hablar del profundo valor de la responsabilidad que demanda la actuación proyectual para que pueda apreciarla.

Surge en el alumno un sentimiento de culpa, y ante la imposibilidad de lograr una propuesta, piensa que no tiene condiciones. No reconoce que atraviesa una etapa de formación y que no cuenta con suficiente entrenamiento en los instrumentos ni ha profundizado los conocimientos necesarios. Por lo general, evita la crítica docente, no declara sus obstáculos, desconociendo que exponerlos es su mayor posibilidad de mejorar.

Es el momento en que los docentes pueden ofrecer al grupo un abanico de inspiradores indicios de estrategias para enfrentar el proyecto, ordenar las búsquedas y generar alternativas para la acción, esto permitirá incorporar desde la construcción del programa arquitectónico un fuerte impulsor de su trabajo. Se hará evidente la necesidad de "poner en arquitectura" las demandas que el trabajo exige.

El alumbramiento: definiciones y satisfacciones

Volver sobre el proyecto con estas pequeñas certezas resulta vivificante, y corroborar que la búsqueda comienza a dar resultados devuelve la autoestima. Esta es la etapa más reconfortante, es un momento de placer indescriptible donde se entrevé la idea conformada. El proyecto encuentra sus bases, sus argumentos: se perfila la estrategia

Sin tener aún todos los aspectos resueltos, es el momento en que se vislumbran posibles caminos, se detectan las claves y se consolidan las líneas sobre las cuales podrá estructurarse la propuesta: es la etapa en que los pilares conceptuales del proyecto se afirman.

A diferencia de los momentos anteriores, esta etapa de alumbramiento resulta estimulante para el trabajo. Se ha pasado de una etapa sombría, intimista, a una instancia luminosa, placentera. Por ello el alumno tendrá conductas más sociables y prácticas más comunicativas.

Esto último resultará un espacio positivo del proceso de trabajo que debe ser aprovechado por el alumno y el docente: definidos los grandes lineamientos del proyecto e inmersos en un clima más distendido, esta etapa resultará una enérgica instancia productiva para ambos. Abrirá una brecha para hablar del valor del proyecto, del sentido de la arquitectura. El docente podrá plantear la potencialidad que tienen las ideas básicas trazadas. El alumno comprenderá "los valores del proyecto". No debe sorprender que comience a hablar de su estrategia proyectual, a expresar los valores formales y espaciales, a utilizar el lenguaje oral y gestual para expresar aquellos valores que aún no puede sintetizar cabalmente; se animará a utilizar el lenguaje gráfico para concretar sus ideas latentes y elaborará maquetas esquemáticas para visualizarlas en el espacio.

El aporte de referencias o citas de otras obras no cesa en ningún momento; estas sirven para esclarecer los conceptos proyectuales relativos a cada instancia del proceso. Esta confrontación es positiva ya que los alumnos cotejan su labor con otras experiencias, con otras producciones realizadas. Comparar estrategias es siempre productivo: se contrastarán y valorarán diferentes alternativas, se animarán a abrir juicios.

Encontrar el sentido de un trabajo es encontrar el vector que lo mueve. Una propuesta con clara estructura arquitectónica es imbatible, porque la noción de proyecto le confiere consistencia y sentido. Se ha vislumbrado una estrategia pertinente que incorpora sucesivamente más aspectos.

Es indispensable que los alumnos relean de manera permanente la Guía de Trabajos, reflexionen sobre los objetivos, el sentido que se espera de sus propuestas. El docente tiene que ser muy claro en estas indicaciones y debe quedar expuesto de forma manifiesta el sentido del aprendizaje. Si se quiere tener éxito en la enseñanza de la arquitectura, se deberá contar con explícitos objetivos disciplinares, arquitectónicos, del trabajo solicitado. Sin esta condición, el proceso de enseñanza / aprendizaje no tiene destino.

Toda práctica proyectual debe estar orientada a un aprendizaje sobre los diferentes aspectos de la arquitectura, y por esta razón deben especificarse con indicaciones precisas aquellas cuestiones que el proyecto debe atender. Es frecuente que los alumnos solo reciban un programa de demandas funcionales, datos sobre dimensiones aproximadas de espacios donde se desarrollaran las actividades, pero esto no basta para una enseñanza responsable. El docente deberá plantear a sus alumnos los objetivos arquitectónicos que debe cumplir la propuesta, por tal razón, la Guía de Trabajos Prácticos debe desarrollar con claridad estas demandas disciplinares que se le solicitan. Este es el momento en que la estrategia proyectual debe perfilarse con más luminosidad. Es probable que no tenga una acabada definición, pero sí una conformación general sobre la cual trabajar, aun cuando sea revisada en el proceso.

El desarrollo del proyecto: ajustes y reelaboraciones

El momento anterior se caracterizaba por un bajo nivel de conciencia totalizadora sobre el proceso, ya que gran parte de los logros están basados en imágenes, sugerencias y no pocas veces en el azar. Pero hay un alto componente consciente de la estructura que le otorga una estrategia fundante. Es necesario insistir que esta será mejor cuando considere más aspectos y más relaciones.

El proyecto debe ahora enfrentar nuevas instancias productivas de ajuste y desarrollo: generalmente son más racionales, ya que intentan coordinar, ordenar y sistematizar el proyecto. El diseño se vuelve más preciso y consistente. El nivel de concreción se constituye y consolida materialmente. Es el momento de aplicar tácticas de desarrollo que se puedan llevar adelante, corporizar las ideas que la estrategia elegida propone.

EL PROYECTO ARQUITECTÓNICO

Muchos autores señalan el carácter fuertemente racional de este nuevo momento. Es el paso de ideas intencionadas, pero de prefiguraciones difusas, a la instancia de construcción de ideas con más solidez, donde la estructura portante se disciplina, las formas adquieren precisión, los espacios se ajustan en dimensiones, se ordenan las relaciones distributivas y se perfecciona la expresión de la obra.

Es un momento interesante porque el proyecto pasa de dibujos sintéticos, eventualmente no sistémicos y faltos de ajustes, a gráficas normalizadas con dimensiones precisas y proporciones reguladas. Es un momento de gran laboriosidad que lleva a la concentración en el trabajo, la coordinación en la producción y por ello es altamente redituable. Para eso es necesario contar con una táctica de desarrollo apropiada a la estrategia elegida. Sin embargo, es prudente señalar tres resultantes posibles de esta etapa de desarrollo.

En una primera opción, esta instancia del proyecto demuestra que las actuaciones anteriores han definido una estrategia apropiada, y las tácticas de desarrollo de esta etapa confirman, completan y aseguran una correcta secuencia de aciertos. Esto es lo esperado y lo deseado. En este entorno, el trabajo produce grandes satisfacciones, ya que se concretan los objetivos propuestos: el ajuste confirma la relación con el entorno, la organización prevista encuentra una adecuación apropiada, etc. Si el alumno sostiene sus objetivos y no descuida la noción de proyecto, el permanente reajuste encauzará el trabajo hacia la ratificación de los principios arquitectónicos establecidos. El docente debe conducir y orientar al alumno para alcanzar este objetivo y estimularlo para que todos aquellos antecedentes sugerentes, inspiradores, no se diluyan en la etapa de consolidación. Las tácticas de desarrollo han confirmado lo propuesto por la estrategia.

En una segunda opción, esta etapa de reelaboraciones puede significar para el proyecto un desvío fatal. No pocas veces la travesía de las ideas a las definiciones concretas suele descarriar los objetivos propuestos. El alumno comienza a elaborar esta etapa con entusiasmo, pero en ella surgen problemas, ya que es un campo minado de dificultades e inconvenientes que muchas veces, sin una mirada atenta sobre las intenciones u objetivos previos, puede transitar por sendas alejadas de los propósitos fijados. El docente debe estar dispuesto a ayudar a rectificar este proceso, señalar al alumno que ha desviado su mirada.

El proyecto, al entrar a esta etapa de racionalización, ha perdido el rumbo: el orden ha desplazado al sentido y a la significación. Una de las grandes decepciones es ver que "la racionalización", "el orden" y "la precisión" que demanda esta etapa ahogan las ideas primeras cargadas de intenciones; se desvanecen las imágenes estimulantes; se disuelven las formas idealizadas o se contradicen las proporciones anheladas. Se debe analizar si las tácticas utilizadas se han desviado de la estrategia o si la estrategia no es adecuada a los propósitos del trabajo.

El docente debe demostrar que el avance del trabajo no puede abandonar los propósitos del proyecto y que esos posibles desvíos deben ser reencaminados. Es muy frecuente que el alumno, frente a estas dificultades, tienda a desertar, abortar el proyecto. Esta actitud se debe a que no maneja las tácticas de manera correcta. Cree que sus ideas iniciales no se cumplirán fundamentalmente porque desconoce que es un laborioso camino el que debe recorrer, y se agrava con la falta de paciencia: pretende búsquedas de soluciones rápidas y descarta propuestas sin esforzarse por efectuar un constante y persistente desarrollo.

Es importante en esta instancia superar un fenómeno contemporáneo de nuestra sociedad críticamente señalado

EL PROYECTO ARQUITECTÓNICO

por Héctor López:[37] "El estimulo por las soluciones rápidas, inmediatas, sin esperas, reducidas al cortocircuito necesidades-satisfacción". Se debe trabajar conjuntamente para encontrar los ajustes apropiados evitando que por inexperiencia del alumno se derrumben las propuestas. Esto exige un análisis de las potencialidades de la estrategia y una reflexión sobre las tácticas a aplicar.

En una tercera opción, esta etapa de conformación y definición que es una prueba de fuego, las tácticas no encuentran el camino para su desarrollo. Es el caso en que los propósitos fijados al inicio no encuentran respuestas al enfrentar las ineludibles precisiones. Las decisiones tomadas en la etapa previa no hallan una confirmación en el momento de constituirse formalmente. Si se demuestra que los presupuestos preliminares no son pertinentes a las demandas del proyecto –por ejemplo, que las dimensiones reales no coinciden con las proporciones estimadas anteriormente–, las relaciones y articulaciones supuestas no logran constituirse, entonces es conveniente aceptar que es necesaria una revisión integral de la propuesta, dado que si las estrategias no logran consistencia deben reverse.

Es recurrente que se detecte en el alumno el temor al error: considera que equivocarse es un problema y no una oportunidad de aprender. El error no debe ser antesala del castigo, sino una circunstancia que puede y debe ser superada. Se debe transformar el error en un paso saludable y un puente oportuno para la reflexión sobre las razones de su origen y los modos de superación.

Es un momento que puede ser considerado como de fracaso, pero se debe ayudar a valorarlo positivamente, es parte del aprendizaje: entender que aquellas primeras ideas

---

[37] O´Keeffe, F., "En estos tiempos todos nos convertimos en adictos", Reportaje en Suplemento Salud, *Diario La Capital*, Rosario, miércoles 27 de junio de 2007, p.25.

generales del proyecto tenían que prever las adecuaciones necesarias y que volver a intentarlo será una experiencia diferente porque ahora podrá reconsiderarlo desde una perspectiva superadora. Esto último es un aspecto clave del trabajo proyectual: se debe comprender que el proceso requiere iteraciones, reelaboraciones, y que "volver" no es estar en el punto inicial, sino reaparecer en la gestión con nuevas herramientas y renovadas experiencias.

No pocas veces, en estas situaciones, se ha detectado una falta de determinación: el alumno no percibe que volver a empezar es sano, que resolver el desajuste detectado optimizará la propuesta. Por ello es necesario demostrar que el modo de elaborar un proyecto es su constante revisión. La falta de iteración no es un problema de descuido o desgano, sino ausencia de experiencia frente a las primeras dificultades. No se ha reconocido que repensar lo realizado es positivo y que la imperfección debe ser superada, que el trabajo puede y debe ser mejorado.

Hay momentos importantes en la etapa de desarrollo; es la etapa en que el proyecto debe ser ajustado integralmente. Para ello será necesario reconstruirlo, es decir, volver a afinar su diseño aplicando principios de síntesis y lógicas constructivas. El rearmado dará un resultado más armónico, y el redibujado, una síntesis totalizadora, tal como lo propone un sabio maestro español: "Sacudir, sacudir la lámina hasta que no quede nada más que arquitectura".

Esta etapa de síntesis es fundamental para el proyecto, es la puesta a punto, el afinamiento del diseño que da claridad. Debe orientarse el proceso de afinamiento, del mismo modo en que se afinan los instrumentos musicales. Una mirada atenta y penetrante es ineludible para realizar esta operación de ajuste que rescata lo más valioso, lo esencial. Es necesario insistir en el memorable axioma de Mies van de Rohe: "Lo menos es más".

EL PROYECTO ARQUITECTÓNICO

Este sutil trabajo de pulir la propuesta puede de inmediato ser visto por el alumno como una tarea innecesaria, ya que inicialmente no percibe los valores de la síntesis, pero los reconoce con posterioridad al percibir sus resultados. Las tácticas de desarrollo cumplen así una refinada técnica de perfeccionamiento, no solo son tareas de definición y consistencia del proyecto, sino también valiosos momentos de condensación inmersos en la creatividad.

Se debe advertir que el ciclo de sucesivos y obstinados ajustes ha de ser considerado como un proceso de permanente perfección. Esto requiere paciencia en el trabajo, rigor en las acciones, ajustes en los detalles. Cada "barrida" de reelaboración otorgará al proyecto nuevos valores, operativo que es similar al delicado afinamiento de un instrumento musical para que suene mejor. El arquitecto Amancio Williams es un caso paradigmático de esta obsesión por la perfección del proyecto, al cual dedicaba un tiempo casi infinito de ajuste, precisión y perfección que luego se registra con notoriedad en la excelencia de sus obras.

> *"La arquitectura tiene dos enemigas: la humedad que destruye físicamente a la obra construida y la pereza en el proceso de diseño que le resta calidad al proyecto. De las dos, la segunda es la peor."*
> FNB

En general, se detecta en el taller de arquitectura una cierta renuencia, rebeldía o resistencia del alumno para continuar reelaborando su trabajo sin comprender que el abandono o congelamiento prematuro del proyecto puede frustrar un excelente resultado. La imprudente actitud de coartar el paciente y meticuloso desarrollo del trabajo proyectual luego se revela en el momento de la presentación final, donde el proyecto no está cabalmente estudiado y por ello no expresa ni desarrolla todas sus potencialidades.

Se ha señalado que estas actitudes negativas tienen que ser refutadas. Debe aceptarse que el trabajo proyectual no tiene otro mecanismo que una ardua e insistente acción de reelaboraciones y de permanentes ajustes que redefinirán el trabajo en un nuevo nivel de mejoramiento. Es prudente reconocer que el trabajo proyectual, inevitablemente, exige un gran esfuerzo, dado que es una actividad que opera con sucesivas aproximaciones y permanentes ajustes, pero tiene como contrapartida reconfortantes compensaciones. Es una labor que demanda voluntad, perseverancia, y cuyos resultados son fruto de una actitud tenaz y obstinada, que debe atravesar momentos de decisiones, de constantes verificaciones y de replanteos con inevitables iteraciones. El proceso de trabajo no tiene un recorrido preestablecido ni su desarrollo es lineal, ya que intervienen múltiples aspectos a coordinar. Para transitar estos caminos se requiere esfuerzo intelectual, empeño, firmeza y disciplina. No es una labor sencilla y tranquilizante. La ardua búsqueda de definiciones específicas para el proyecto, las reiteradas aproximaciones a los resultados, exigen un firme compromiso con la producción teórica y práctica.

La tarea docente también debe enfrentar actitudes negativas por parte de los alumnos, tales como poner poca atención en el uso de los dispositivos y recursos que se le ofrecen, o bien descuidos y omisiones que son factores negativos en su actividad proyectual al no considerar todos los aspectos del trabajo.

Las propuestas del arquitecto requieren coraje y responsabilidad, ya que comprometen a la sociedad, y se debe utilizar una equilibrada dosis de sagacidad y de sensatez para encontrar resultados satisfactorios. El trabajo proyectual no puede evitar el riesgo y la lucha; aportar ideas y saber defenderlas es un campo de acción que demanda toda la imaginación posible. Pero el aporte más interesante en el trabajo será la sensibilidad para captar aspectos sutiles, el optimismo para superar la dificultosa tarea de creación. Todo este inevitable desvelo y estas exigencias tienen extraordinarios resarcimientos.

Por lo general, aquellos que insisten en rever y perfeccionar su trabajo sin rendirse, sin desertar, son alumnos comprometidos e interesados de verdad en la disciplina. Ellos han descubierto que es un accionar provechoso, al comprobar que estas iteraciones producen un excelente avance cualitativo en la propuesta, y han aceptado que "la perfección tiene su precio".

La exteriorización del proyecto: demostraciones y reflexiones

Este es un momento de plenitud porque es la culminación del trabajo, la instancia en la cual el alumno manifiesta la necesidad de "exteriorizar" el proyecto. Así como en otros momentos de trabajo ensimismado ocultaba su producción, ahora los logros son mostrados con orgullo.

Esta es una etapa de florecimiento, lógico remate de un trabajo laborioso. Todo el esfuerzo realizado encuentra su instancia de exposición y no pocas veces de ostentación. La necesidad de exhibición no es sino una justa manera de desplegar toda la producción que ha sido el resultado de largas horas de trabajo.

¿Qué significa "exteriorizar" el proyecto? Es frecuente hablar de "pasado en limpio" o "presentación final". Estos términos tan habituales en el taller desvían el sentido de unos de los momentos más importantes del trabajo, pero son expresiones que solo indican operaciones de su formalización.

El verdadero sentido de este momento no es frívolo, por el contrario, es de producción: decidir el material a presentar y completar el conjunto gráfico que estimamos necesario para expresar el proyecto no son operaciones formales. Son etapas enriquecedoras en las que no están ausente arduos ajustes: pulir los dibujos, darles coherencia, mejorar la expresión gráfica, seleccionar puntos de vista para las perspectivas, realizar axonometrías que descompongan la obra con criterios espaciales o constructivos, etc. son modos de definir y potenciar el resultado. Es el momento de concreción final.

Pero no se trata solo de "mejorar el material", de "completar la entrega"... Lo más importante es la consistencia y el valor de la presentación, ya que lo que se muestra debe ser el lugar de las "demostraciones", de los fundamentos proyectuales de la propuesta. La selección del material y la calidad expresiva son esenciales para la construcción gráfica del proyecto. Es el momento de elaboración del relato o exposición de las ideas arquitectónicas que sustentan al proyecto.

Exponer el trabajo implica exhibirlo, mostrarlo, pero también implica que el trabajo queda expuesto, que está sujeto a un riesgo: ser juzgado. En el taller de arquitectura no se debe considerar la presentación del proyecto como un acto de mera exhibición, sino como un momento de necesaria justificación y defensa del trabajo. El proyecto pasa ahora a ser debatido, de modo que se constituye en materia de juicio y de una reflexión crítica.

La confrontación con otros proyectos y sus estrategias plantea un aprendizaje en relación con otras experiencias: pone en claro distintas actitudes asumidas en la producción. En esta instancia se coteja cómo los diferentes alumnos relacionan la obra y el sitio, cómo las distintas propuestas estructuran lo aspectos distributivos, morfológicos o de materialidad, etc. Es una etapa donde se visualizan las distintas opciones, que también califican cualitativamente el resultado de cada iniciativa.

Por ello, elaborar estas instancias es un compromiso muy trascendente, ya que no estarán ausentes el proceso que lo generó ni la justificación de las decisiones tomadas. La "entrega" –como simplificadamente se la llama– quiere decir algo más que la devolución que el alumno hace al docente de su producción. El trabajo "se entrega" al debate, a la reflexión; lo que justifica este momento es la presencia ineludible del "argumento proyectual", la noción de proyecto en la que el trabajo se funda. Todo el material presentado debe tener explícitos los ejes conceptuales disciplinares que lo fundamentan.

Desde este lugar, el alumno demuestra las operaciones realizadas, las alternativas estudiadas y justifica las opciones elegidas para las tácticas de desarrollo. Por ello es conveniente que el trabajo contenga esquemas sintéticos que demuestren el análisis al cual fue sometido el proyecto, y de ese modo corrobore cada decisión tomada. Es oportuno incluir gráficas de síntesis –croquis, esquemas, etc.– que expliciten la obra conceptualmente. Que se exponga la síntesis, la estrategia utilizada.

El orden y la secuencia del material signan esta etapa: qué se va decir y cómo se va a mostrar. No solo señalan una regulación formal, sino que además precedentemente remiten a una estructura conceptual. Es un momento para repensar a fondo todo lo elaborado, la oportunidad para la confirmación de los ejes de gravitación de toda la propuesta.

Es imprescindible diferenciar la *mostración del proyecto* de la *fundamentación de sus argumentos*. Si bien estos no son dos mundos independientes, cada uno tiene sus características propias. La primera, necesaria pero no suficiente, es una narración descriptiva que da cuenta de la configuración de la obra. En ella se especifica con claridad y pormenorizadamente cada uno y la totalidad de sus componentes. La segunda, imprescindible, es una definición de los sustentos arquitectónicos, las ideas fundantes, que no solo se expresan con dibujos de síntesis, sino también con la selección deliberada de las gráficas descriptivas más significativas. En la *mostración* se pretende que la obra esté cabalmente presentada; para la *demostración* el material debe revelar el necesario sentido arquitectónico de la propuesta en sus aspectos más relevantes, y esto es disciplinarmente inevitable.

Por lo tanto, si a la primera debe exigirse una completa y coherente representación de la obra, a la segunda se le debe requerir una narrativa con probado sentido de la propuesta, siendo ambas complementarias entre sí. Por ello, más allá de una lógica base mínima de presentación solicitada, al alumno se le debe otorgar un margen de despliegue específico que su proyecto demanda. No es conveniente fijar material u ordenamientos únicos y restringidos, que muchas veces dejan fuera las intenciones proyectuales. El alumno debe contar con un material gráfico relativamente completo para la definición del proyecto, pero con la esencial libertad de producir aquellos materiales pertinentes para su específica argumentación proyectual.

Los modelos cerrados de presentación a los que suele someter el docente a los alumnos no solo limitan, sino que muchas veces atentan contra el sentido del proyecto: una secuencia de dibujos que puede ser pertinente e indispensable para un proyecto puede resultar irrelevante para otro. El docente no puede ser insensible a la configuración de la particular narrativa que cada propuesta exige.

Debe quedar en claro esta diferencia entre "mostrar" y "demostrar" un proyecto. Para ello es fundamental hablar del poder de los instrumentos proyectuales para instalar las significaciones arquitectónicas, y desde sus pertinencias, utilizar con propiedad los modos en que las explicitan para recrear un enorme potencial expresivo.

El procedimiento con que se introduce y desarrolla el relato proyectual es esencial para un buen conocimiento de la propuesta. Por ello la pertinente selección de dibujos que utiliza es tan importante como el rigor que aplica en las cuestiones normativas inherentes a la construcción de estos productos gráficos. La ineludible interpretación proyectual demandará atención a los modos de construcción de sus significaciones.

Tanto en la presentación como en la demostración se debe tener conciencia del valor y significado de cada sistema gráfico, y del rigor que se le demanda, pero también hay que saber seleccionar las técnicas apropiadas para cada oportunidad. Si se reconoce que algún dibujo es fundamental en el proyecto del alumno y se considera que es la clave del argumento arquitectónico, debe tener la oportunidad de presentarlo en un mayor tamaño o ubicarlo en una posición de privilegio.

Los modelos espaciales deben posibilitar con libertad la expresión de diferentes aspectos del proyecto, como así también se debe respetar algún segmento significativo del proyecto que encuentra en una maqueta parcial su persuasiva expresión. No se debe olvidar que hasta el modo en que se arma y se desarma una maqueta debe ser considerado en relación con la noción de proyecto que sustenta.

La responsabilidad y la experiencia docente deben conducir hacia la búsqueda de particulares gráficos o singulares modelos espaciales, que por su configuración resultan oportunos para expresar contundentemente ideas arquitectónicas, y por ello resulten convincentes instrumentos de interpretación para su estrategia proyectual.

Sin desconocer las bases mínimas de una presentación formal, esta libertad que se propone será un punto de apoyo importante para aquel que ha clarificado el sentido de su propuesta, pero en cambio será un gran tropiezo para quien no ha podido construir soportes válidos, y una advertencia para un endeble trabajo cuya noción de proyecto es inconsistente.

Hay puntos de inflexión muy sutiles en esta cuestión. Un trabajo de presentación final monocorde, sin valoraciones, puede ocultar una falta de compromiso frente a la propuesta o una inercia por señalar los aspectos relevantes. Como así también hay que reconocer que un trabajo sólido y meritorio puede expresarse con recursos muy sencillos pero francos.

Por ello hay que estar alerta sobre aquellos trabajos descollantes que bajo una máscara de "estridentes efectos especiales", tan fáciles de implementar con los actuales medios tecnológicos, esconden una propuesta insustancial y vacía de todo contenido. El hiperrealismo no es pertinente para la fundamentación de las estructuras subyacentes que sustentan el proyecto. La apariencia meramente visual no expresa los conceptos operados, que deben ser expuestos con inequívoca fuerza. A la hora de las evaluaciones, esta cuestión será reveladora, por ello la importancia del momento de la presentación y la defensa del proyecto.

Otra tendencia que se detecta en algunos alumnos es la escasa valoración otorgada a este momento tan significativo del proceso. No internalizan los objetivos planteados, no dimensionan el verdadero sentido que tiene en el aprendizaje y piensan que solo es un simple trámite administrativo.

Esta desvalorización del momento de presentación se funda en que erróneamente se supone que el proyecto pueda ser considerado y evaluado por fuera de su expresión material (dibujos y maquetas). Es frecuente ver entregas con material incompleto, incoherente e inexpresivo, que suelen justificarse con la simple excusa de que estas anomalías "no afectan al proyecto". Grave error, ya que el proyecto no está en otra parte más que en la información que se presenta, y que los errores o carencias no se enmiendan ni se suplen verbalmente. El proyecto no encuentra otra expresión que los instrumentos gráficos o modelos espaciales. Los lenguajes utilizados deben esclarecer la presentación

EL PROYECTO ARQUITECTÓNICO

y ser motivo de debate a lo largo de toda la secuencia de formación en la disciplina.

El momento de concreción final del trabajo es, precisamente, comunicar el proyecto por medios efectivos y completos. Corresponde al docente advertir sobre esto y revivir la "mística de la presentación". No es una ceremonia fatua, sino una instancia de legítimo aprendizaje y sensatas conclusiones en la que se debe dar cuenta de la capacitación alcanzada.

Este es el momento para la defensa y fundamentación del proyecto, una etapa crucial en la enseñanza de la arquitectura. Es la oportunidad del alumno para mostrar sus logros, fortalezas y convicciones, pero también donde pueden quedar expuestas sus debilidades. Por ello es un acontecimiento cargado de expectativas.

En esta etapa se evalúan también puntos críticos de la formación del alumno: quedará expuesta la capacidad para resolver el proyecto, la formación teórica y la destreza para seleccionar los aspectos más relevantes y también algo muy importante a nivel profesional: la aptitud para respaldarlo.

La trascendencia de la fundamentación del proyecto radica en que el alumno asume personalmente cuáles son los aspectos más significativos que ha considerado en su trabajo, el valor y la responsabilidad con que ha encarado determinados aspectos claves del proyecto y el compromiso asumido durante el proceso desarrollado.

La confrontación entre los trabajos ayuda a conocer otras posibilidades y a reflexionar comparativamente sobre sus valores Por ello, en esta circunstancia, se revelan: la posición adoptada frente al sitio; el compromiso con las actividades requeridas; la posición frente a los criterios compositivos y expresivos; la atención por el orden estructural; la aptitud para resolver los detalles; y el empeño en lograr la coherencia general del trabajo.

El relato oral debe tener sustento en los dibujos y en las maquetas. Para que las palabras no sean simples descripciones, vanas expresiones de deseo o meras intenciones no concretadas deben estar avalados por consistentes verificaciones objetivas de la actuación proyectual, fehacientemente documentadas. En consecuencia, el discurso verbal debe ser claro, sencillo, pero profundo en sus contenidos disciplinares. Es preferible una concisa y penetrante referencia antes que una extensa e insustancial disertación.

Para ello se sugiere la lectura del trabajo especialmente preparado para ayudar a los alumnos en estas circunstancias: las "Pautas para la fundamentación del trabajo proyectual",[38] un aporte valioso para quienes no tienen experiencia en la presentación de trabajos, particularmente en las defensas del trabajo en los exámenes finales.

Lo más significativo del texto es que advierte sobre la necesidad de considerar aspectos y valores del trabajo desde su inicio, ya que de nada sirve acordarse de ellos al final si no fueron tenidos en cuenta antes en su desarrollo. Por ello, el trabajo puede llevar por segundo título "Ayudamemoria para el trabajo proyectual". El texto funciona tanto como un recordatorio de las cuestiones que deben ser consideradas en el examen, la confrontación y la defensa oral, como de aquellas que deben ser previstas en las etapas anteriores del trabajo.

---

[38] Texto incluido como anexo en este libro.

EL PROYECTO COMO APRENDIZAJE / EL APRENDIZAJE DEL PROYECTO

La confrontación de los trabajos en el taller tiene un rédito muy valioso: aprender del trabajo de otros y compartir las experiencias. Es la oportunidad para incorporar conocimientos que no llegan solo desde la propia práctica individual, sino también de recorridos que otros han experimentado. Esta confrontación de trabajos en el taller es un modo muy remunerativo de incrementar el conocimiento de la arquitectura y de sus procesos de producción. Reconocer los diferentes modos de concreción de los proyectos expuestos brinda la oportunidad de analizar y evaluar las diferentes estrategias proyectuales utilizadas. Por lo tanto, esto significa conocer diversas posibilidades de actuación, valorar si han sido correctamente elegidas y cotejar criterios de desarrollo.

Estas actividades donde la confrontación de trabajos y el entrecruzamiento de opiniones permiten enmendar, enriquecer y optimizar las propuestas bajo las miradas y opiniones que intercambian los alumnos son altamente positivas para la formación en la disciplina y confirmadoras de que la enseñanza es una práctica grupalmente construida.[39]

Dado que la arquitectura no tiene resoluciones únicas, esta visualización de múltiples proposiciones constituye un importante conjunto de casos que pueden ser juzgados

---

[39] Un estudio sobre el tema ha sido desarrollado por Mirtha Taborda y Ramón Fica en "Confrontación y entrecruzamiento en el trabajo grupal: un análisis cualitativo", Actas de las Segundas Jornadas de Pedagogía Universitaria, Cipolleti, Universidad del Comahue, 2007.

entre sí, comparados y justipreciados. Pero este no es el único rédito de estas actividades en el taller. Esta instancia de reflexión permite instalar la tarea de proyectar en una dimensión trascendente: a nivel docente, es importante en las comparaciones volver a referir los diferentes "universos" que cada propuesta evoca.

Una mirada atenta a las diferentes estrategias pondrá en evidencia los distintos enfoques utilizados, pero esta diferencia entre los trabajos puede marcar una cuestión importante: enuncia la "proyección del proyecto". Cada propuesta es un posicionamiento frente al mundo, cada proyecto es una visión del universo. Este "más allá" del proyecto es un aspecto primordial para el alumno: entender que plantear la propuesta arquitectónica es construir un modo de habitar.

Si bien la acción proyectual es de permanente examen, este es un momento pleno de reflexión. Es la oportunidad para hablar de aspectos generales del proyecto que deben ser utilizados para trascender las coyunturas y expandir las dimensiones de la propuesta, instalarla en un plano superior donde se pueda diseminar un conocimiento en el más alto nivel de la disciplina.

Cada proyecto evoca una forma de vida, una posición sobre el entorno, un punto de vista frente a valores artísticos, una actitud ante los desafíos tecnológicos, una postura ante los problemas sociales, etc.

"La arquitectura, como manifestación del hombre, es consecuencia o respuesta de su forma de entender el mundo".
Guillermina Sivack[40]

Sin esta "proyección", el trabajo tiene un vuelo rasante poco significativo. El alumno debe ser consciente del

---

[40] "Cuestión de piel", en *ESTILO. Suplemento de Arquitectura, Urbanismo y Diseño del Diario La Capital de Rosario*, sábado 16 de diciembre de 2006, p. 7.

significado y la trascendencia de sus acciones. En su tarea debe reconocer la incidencia y la magnitud de su propuesta. Es importante que responsablemente comprenda que un proyecto es algo más que un simple ejercicio de taller. Su proyecto debe ser entendido como un efectivo trabajo de arquitectura, de intervención en la ciudad, y por lo tanto, una forma comprometida de construir el mundo que habitamos.

Surgen aquí aspectos relevantes de la actividad del arquitecto: responsabilidad social y sensatez en nuestras decisiones. Todo ello es motivo de reflexión y una oportunidad valiosa para el docente, en tanto otorga una nueva dimensión al trabajo realizado; y para el alumno es una advertencia sobre la responsabilidad en su tarea y una aproximación a la real incidencia de su actuación futura.

Estas cuestiones posicionan a la arquitectura en un terreno que no siempre es puesto en evidencia: el lugar que se le otorga a la tarea proyectual, como compromiso y servicio ante la sociedad; convocar a la responsabilidad y medir la incidencia de esta labor en la ciudad y el territorio es un mensaje indispensable para que el alumno reflexione sobre su accionar más allá de una tarea escolar en la que muchas veces este compromiso se desvanece o se soslaya.

Si se acepta que el *Big Bang* dio origen al mundo natural, se puede admitir que el hombre con sus obras da origen al mundo artificial, cultural, el mundo que habita. Aquí se ingresa a un campo deontológico que demanda responsabilidades, valores éticos, obligaciones, etc.

Frente a estas aperturas a substanciales dimensiones de la actividad proyectual, el docente debe hacer un trabajo importante en el aprendizaje: relacionar las propuestas demostrando el valor trascendente de la arquitectura y revelando el modo diferenciado en que cada proyecto lo hace.

La gestión docente

Esta propuesta pedagógica exige un compromiso docente y le demanda una consistente formación en la disciplina, conocimientos específicos y fundamentalmente condiciones pedagógicas inapelables: para su gestión, el docente debe tener por una parte un bagaje importante de estrategias proyectuales, conocer su funcionamiento, y por otra, dominar las tácticas para el desarrollo de los proyectos: experiencia y formación para concretarlas y enseñarlas.

Es importante poseer la necesaria sensibilidad para "leer" los indicios arquitectónicos en la incipiente propuesta de los alumnos e inducir estrategias apropiadas al trabajo planteado.

La acción más significativa de la tarea implica orientar la reestructura de la propuesta inicial si no tiene un planteo claro. Por lo tanto, el docente debe poseer una particular capacidad para orientar al alumno hacia una búsqueda de perfeccionamiento del proyecto. Para ello debe saber exponer y enmarcar teórica y críticamente las posibles estrategias latentes en el trabajo para que puedan ser reconocidas y asentidas por el alumno.

Es imprescindible que se fundamenten todas las acciones desplegadas en el intercambio de ideas, para que se reconozcan los sentidos y valores de la propuesta. Este procedimiento solo es correcto si se formaliza desde una actitud abierta para poder debatirlo y contrastarlo, evitando que el alumno lo acepte sumisamente o realice una aplicación automática.

El docente debe tener capacidad para orientar la definición de las estrategias y controlar que sean expuestas con claridad. Debe dar indicaciones comprensibles, evitando exhortaciones paradójicas que solo enmascaran el desconcierto frente al trabajo. Indicaciones tales como "poner más garra", "pulir el proyecto", "pensar", "estructurar", "hacé algo

EL PROYECTO ARQUITECTÓNICO   137

más suelto" son frases inoperantes que en lugar de orientar, confunden al alumno. Se trata de expresiones que podrán ser buenas como acciones deseables o como rótulos de una etapa de elaboración, pero vacías de contenido si con su simple enunciado se escamotean los procedimientos específicos que estas expresiones implican o intentan aludir.

Es imprescindible señalar y proveer al alumno las herramientas conceptuales y operativas concretas y apropiadas para cada momento de la acción proyectual. Ellas son las que realmente le permitirán llevar a cabo el trabajo. Seguí de la Riva propone "presentar el quehacer en el proyecto arquitectónico desde las preocupaciones de un principiante, de alguien que desea llegar a ser arquitecto y necesita indicaciones heurísticas e informaciones para afrontar el aprendizaje y forjar sus propios criterios de actuación".

El alumno confía en quien lo guía, por lo tanto no es justificable ninguna acción que lo confunda. La responsabilidad docente es conducir el avance positivo del proceso para que no se desvíe o se derrumbe frente algunas dificultades. Ya se ha señalado anteriormente que es recurrente, frente a las primeras dificultades en el desarrollo del proyecto, la tendencia del alumno a desistir de su propuesta, por desconocimiento de los mecanismos que le permiten perfeccionarla.

En los cursos iniciales se están haciendo estos recorridos por primera vez, todo es novedad, todo es sorpresa, el docente tiene en esto un compromiso crucial y sus fallas pueden ser ásperamente negativas en la formación.

Otro aspecto fundamental de la gestión es saber guiar las tácticas que el alumno utiliza en su avance en la acción proyectual sostenida por la estrategia elegida. Para ello es imprescindible tener la capacidad de pronosticar, poseer una "visión a futuro" que prevea el desarrollo posible de cada planteo arquitectónico, y de ese modo anticipar impactos y consecuencias.

La práctica del proyecto debe estar permanentemente custodiada por elaboraciones conceptuales que otorguen fundamento y significado a la producción, como así también generar criterios de evaluación claros que incluyan reconocer la "proyección" del aprendizaje. Esto debe quedar manifiesto en el trabajo concretado.

Un principio básico de lealtad docente en la gestión es tener el convencimiento y la disposición para ayudar, para que todos los alumnos tengan la oportunidad de alcanzar los objetivos propuestos. Es corriente encontrar tratamientos diferenciados o preferenciales, una actitud que está ligada generalmente a la tendencia a disponer de mayor atención a los alumnos que más producen. Pero el apoyo que requiere cada alumno no está basado solo en la producción que realiza sino además en su personal tiempo de maduración.

La gestión docente debe contemplar una adecuada evaluación en relación con la propuesta pedagógica que se ha enunciado. Las reglas de juego deben ser precisas y los alumnos deben estar informados del proceso en el que participarán. La evaluación no debe ser entendida como un problema al final del trabajo: todos deben tener en claro, al inicio del trabajo, que se evaluará permanentemente. Esto determinará que conocimientos y habilidades se reclamarán a la hora de la valoración final de su trabajo.

Es evidente que se debe evaluar de un modo diferente el desempeño en las estrategias y las tácticas, ya que este modo diferenciado dará claridad a las actuaciones sobre los diversos aspectos que se manejaron en el proceso.

La gestión del alumno

Erróneamente puede interpretarse que esta propuesta pedagógica manifiesta una excesiva intromisión del docente. Debe insistirse en que el alumno no recibe todo, sino que solo es orientado hacia la construcción de la estrategia proyectual. En este punto el alumno ha logrado una base de trabajo en la que debe poner mucho esfuerzo, elaborar intensamente y operar en muchos aspectos del proyecto.

Una estrategia proyectual aporta la estructura general del proyecto, pero no completa de forma automática todos los aspectos que la propuesta implica. Para ello es fundamental analizar las tácticas que deben implementarse para desarrollarla. Es necesario que se asuma el compromiso y la obligación de poner en acción las tácticas que la estrategia propone y trabajar con coherencia aportando al avance del proyecto.

Consecuencias que involucra la posición que se sustenta

El docente debe hacerse cargo de este planteo, que implica incluirse, comprometerse en el problema. Para estas acciones es necesario comenzar a desarrollar tempranamente en la formación docente la capacidad de elaborar estrategias proyectuales; de igual manera, el alumno debe formarse en estos mecanismos de producción y generar un bagaje de ellas.

¿Cómo es posible incrementar el repertorio de estrategias? Con la práctica proyectual, naturalmente, pero también con una ardua investigación bibliográfica, reconociendo cómo otros arquitectos las utilizan, estudiando y analizando obras, viendo críticamente los trabajos publicados. Reconocer las estrategias utilizadas es un modo productivo de valorar la actuación de los autores.

Esta postura propone, como ya se ha dicho, una visión integral y totalizadora del proyecto, opuesta y enfrentada a una visión fragmentaria, de una actuación por sumatoria de partes. Más allá de eventuales formas de inicio del proceso proyectual, el proyecto se encausa cuando encuentra este ordenamiento totalizador.

Reconocido el valor de estas estrategias en la enseñanza y en la práctica proyectual deben ser incorporadas como un bagaje, constituyendo un valioso material de trabajo en la disciplina. No solo es probable, sino que es necesario y obligatorio que el alumno en los cursos superiores con autonomía y un mayor caudal de experiencias proyectuales proponga nuevas estrategias o resignifique las existentes.

Frente a la enseñanza de la arquitectura

La enseñanza de la arquitectura que considera explícitamente el sentido y el valor de las estrategias proyectuales implica una serie de compromisos que deben ser destacados: como ya se ha señalado, requiere fijar una posición frente a la arquitectura y también frente a su enseñanza.

Esta forma de operar en la acción proyectual supone que existen modos de estructuración que facilitan el pasaje de las cuestiones programáticas a una propuesta arquitectónica. Es decir que hay modos de "cuajar" demandas del sitio, funcionales, estructurales, espaciales (que el alumno tiene al inicio de su trabajo) y que aportan bases consistentes para "montar en arquitectura" propuestas para estas demandas.

Estas ideas no son solo ideas constitutivas de esta pedagogía de la arquitectura, sino que además ellas son las bases de la actuación proyectual, y si se entiende que

EL PROYECTO ARQUITECTÓNICO   141

esta acción debe desarrollarse por medio de estrategias de proyectos, no hay otro camino que el de instalar este principio en la enseñanza de la arquitectura.

Sin haber establecido estas bases fundantes del proyecto, no es posible realizar la crítica de los trabajos, ni la coparticipación en la configuración del proyecto, ya que se carece de un argumento válido para juzgar, aun reconociendo que estas bases pueden redefinirse en el transcurso de la dinámica proyectual.

Bastaría recordar lo siguiente:

"No existe otra manera de adquirir los principios fundamentales de una práctica –incluyendo la científica– como no sea practicándola con la ayuda de un guía o entrenador, quien asegure, tranquilice, guíe, dé el ejemplo y corrija enunciando, en la situación, preceptos directamente aplicables al caso particular".
Pierre Bourdieu

Por lo tanto se puede definir la enseñanza-aprendizaje de la arquitectura como un entrenamiento en la manipulación de la noción de proyecto, una consciente elaboración de argumentos arquitectónicos, la utilización de estrategias proyectuales pertinentes y de adecuadas tácticas para su desarrollo.

Seguí de la Riva reconoce como un penoso hecho recurrente "que los profesores de Proyectos no admitan como tarea propia de sus obligaciones el esfuerzo de estimular a los estudiantes y darles claves para generar primeras visiones, ya que suponen que los alumnos deben tener resuelta su voluntad de proyectar y sus estímulos para ser arquitectos".

Se puede admitir que el alumno sea responsable de "tener resuelta su voluntad", pero lo que no se puede negar al alumno son las claves para acceder a la arquitectura. No debe negarse el lógico acompañamiento que este tipo de aprendizaje demanda. Por ello, solicitar sin participación docente respuestas arquitectónicas al alumno de los cursos iniciales que aún no ha adquirido una consistente experiencia en las diversas prácticas de la disciplina es descalificar toda posibilidad del aprendizaje de la dinámica proyectual. Las experiencias verificadas en la investigación indican que es altamente positivo que el docente intervenga de manera activa en la formación del alumno y le provea los procedimientos y las operaciones necesarias para su desarrollo.

Se puede analizar esto desde otros campos del aprendizaje de la arquitectura, por ejemplo, el aprendizaje del lenguaje gráfico: ¿en qué medida un alumno puede ser perjudicado por el docente cuando se brindan las bases del dibujo: la estructura de los sistemas, los principios del uso de las variables, etc.? Sin duda este aporte es imprescindible, es de gran beneficio para el alumno y no se debe pensar que el docente le ha "resuelto el problema", solo le brinda las armas para encararlo.

Operar con estrategias proyectuales no significa restarle compromiso al alumno con el proyecto; todo lo contrario, es asumir y acordar pautas de trabajo explícitas, fijar condiciones y líneas de trabajo sobre las cuales el docente y el alumno puedan dialogar y debatir. Obliga a establecer los argumentos de la obra.

Temas versus aprendizaje

Un error muy corriente en los planteos didácticos de las escuelas de arquitectura es pensar que el objetivo es solo desarrollar el tema, el ejercicio previsto, cuando en realidad el verdadero propósito de la práctica del taller de arquitectura es perfeccionar y dar bases más seguras a los mecanismos para producir proyectos, profundizando los conocimientos ya adquiridos. Para ello, más que en "temas a resolver", hay que pensar en conceptos y operaciones necesarios para trabajar en el proyecto de arquitectura. No se produce arquitectura sin un bagaje conceptual operativo que la respalde, sin un dominio de la teoría y la técnica del proyecto arquitectónico. La base de la acción desplegada debe ser la noción de proyecto. El "tema" no debe ser el eje del trabajo, el tema es una "excusa" para incorporar, ejercitar, comprobar, evaluar estas nociones y estrategias que debemos dominar.

El trabajo del taller es una forma de investigar en el proyecto arquitectónico, es un modo de aprender arquitectura. Por lo tanto, lo que importa es reconocer qué saberes de la arquitectura estarán puestos en juego en cada ejercicio y sobre qué aprendizajes se funda la práctica propuesta.

"La actividad proyectual es también un camino de conocimiento".
Roberto Doberti[41]

Los conocimientos que se proponen abordar deben ir más allá de un ejercicio o de un tema, son aprendizajes para adiestrar en la práctica del proyecto e instruir en las múltiples dimensiones de la arquitectura: es la formación necesaria para fundar el accionar en la producción. Esta condición será de gran utilidad para que el alumno pueda reconocer los objetivos disciplinares que su práctica demanda: la propuesta arquitectónica, ya se ha dicho, deberá contar con un explícito "programa arquitectónico" como base para instalar el proyecto.

El "tema" también es reconsiderado desde el "programa arquitectónico" que funda y sustenta al proyecto. Muchas veces, la preocupación se centra en el programa funcional o en el tema, relegando los aspectos arquitectónicos que deben ser ejes de atención en la relación: enseñanza

---

[41] *ARQ Clarín, revista de arquitectura*, Buenos Aires, 19 de abril de 2007.

/ aprendizaje del proyecto. También debe considerarse que el programa funcional debe ser percibido y establecido desde propósitos y conceptos disciplinares puestos en juego, y no a la inversa. Una profusión de solicitaciones no ayudará a la enseñanza, sino que obstaculizará la posibilidad de operar las ya complejas variables de la arquitectura.

"En los procesos de aprendizaje, un exceso de demandas en el programa funcional puede ahogar al programa arquitectónico".

José Luis Ruani

Por ello es conveniente plantear un razonable y acotado programa de funciones, para que desde esa restricción se pueda exigir calidad en la propuesta. Esto no significa quitarle el valor genuino que tiene el programa funcional en las ejercitaciones que se realizan en el taller, si bien se ha señalado anteriormente que el tema suele ser la excusa para aprender arquitectura. Pero ahora es conveniente volver sobre esta cuestión.

Relegar el tema en particular, como las ejercitaciones en general, a un mero recurso para aprender arquitectura es una visión limitada, ya que el aprendizaje depende de cómo se haya desarrollado la propuesta en todos sus aspectos. El tema también forma parte del aprendizaje.

Por lo tanto, si bien se ha fijado como objetivo relevante el aprendizaje de la arquitectura, se llega ahora al momento de su conclusión: este aprendizaje no tiene otra forma de ser verificado que no sea la producción realizada. Si "lo realizado" es lo que indica el nivel del aprendizaje, no hay otro lugar donde medir la adquisición de conocimiento, sino en las propuestas que el alumno es capaz de formular. El tema, inicialmente devaluado, se vuelve significativo. El modo en que la propuesta "replantea el tema" adquiere ahora valor, se lo reivindica desde el trabajo proyectual. Una respuesta creativa puede resignificar el tema de un modo novedoso, revisando el programa funcional original desde el proyecto realizado. Por ejemplo, reproponiendo los modos de usos requeridos o postulando novedosos espacios para actividades desde una propuesta superadora. Pero nuevamente aquí se puede comprobar que esta resignificación ha sido efectuada desde la propuesta arquitectónica. El modo en que el tema "ha sido considerado y reconsiderado desde el proyecto" será siempre motivo de reflexión y evaluación.

Alejandro Perriard

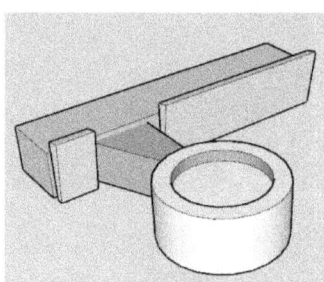 

EL PROYECTO ARQUITECTÓNICO

Alejandro Perriard

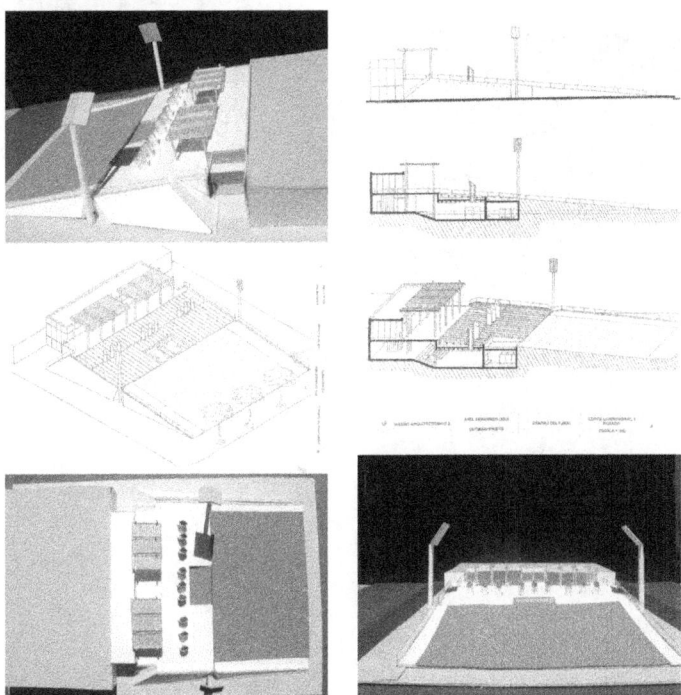

Luciano Prieto

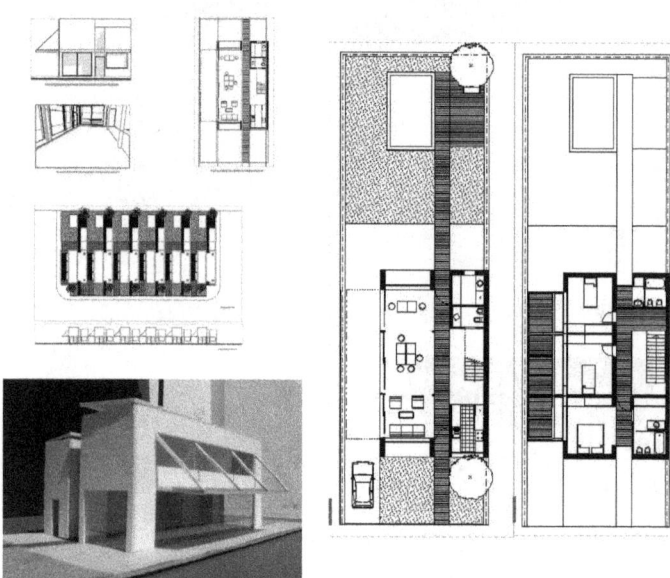

Luciano Prieto

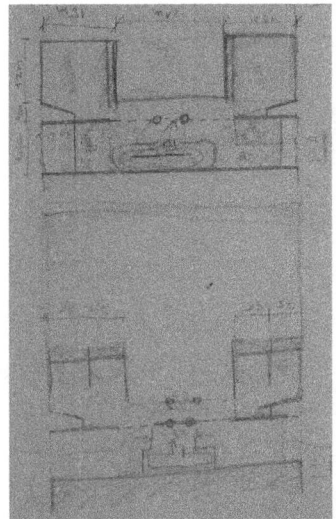
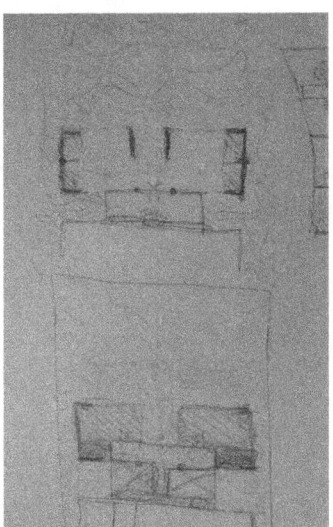
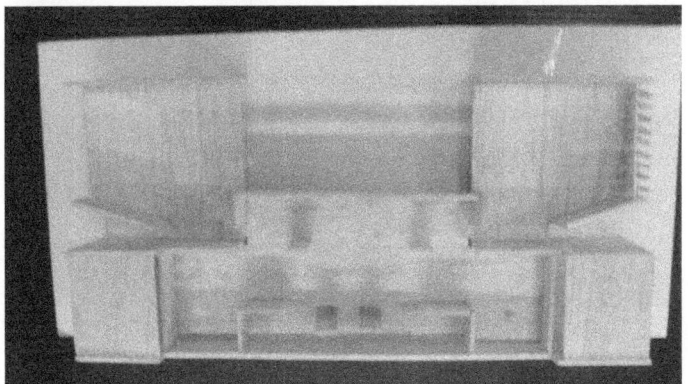

Joaquín Espósito

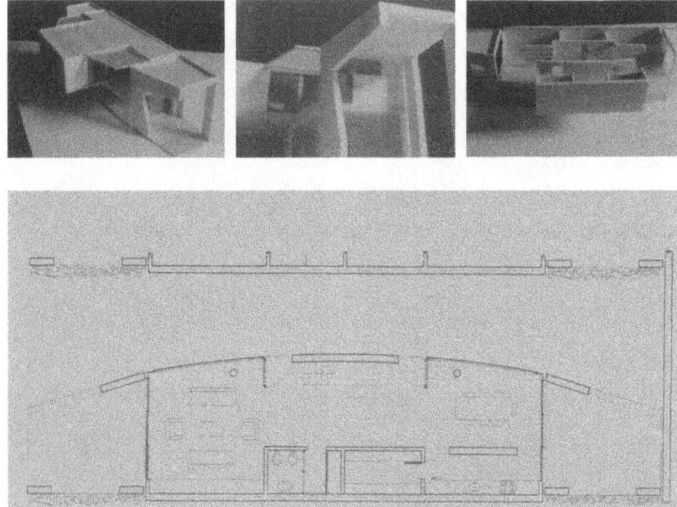

Joaquín Espósito

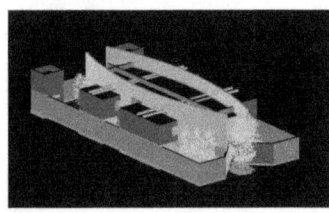
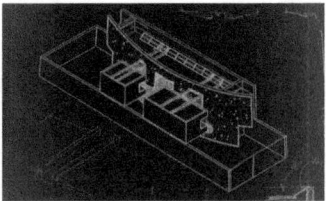

EL PROYECTO ARQUITECTÓNICO 151

Mauricio Pedra Corvera

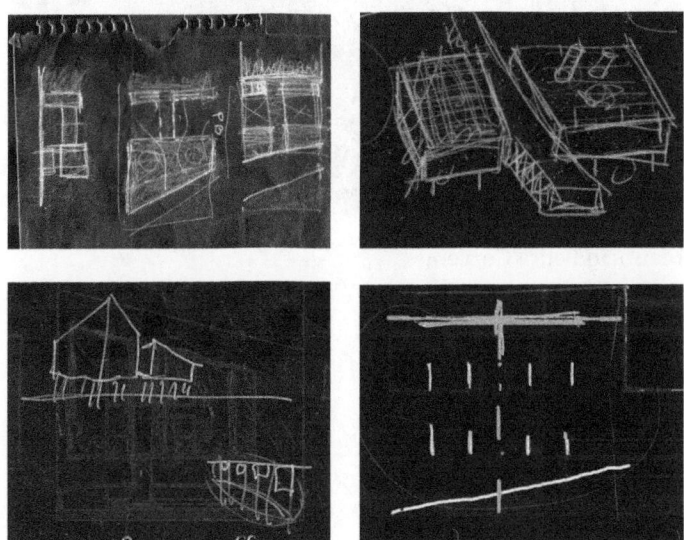

Mauricio Pedra Corvera

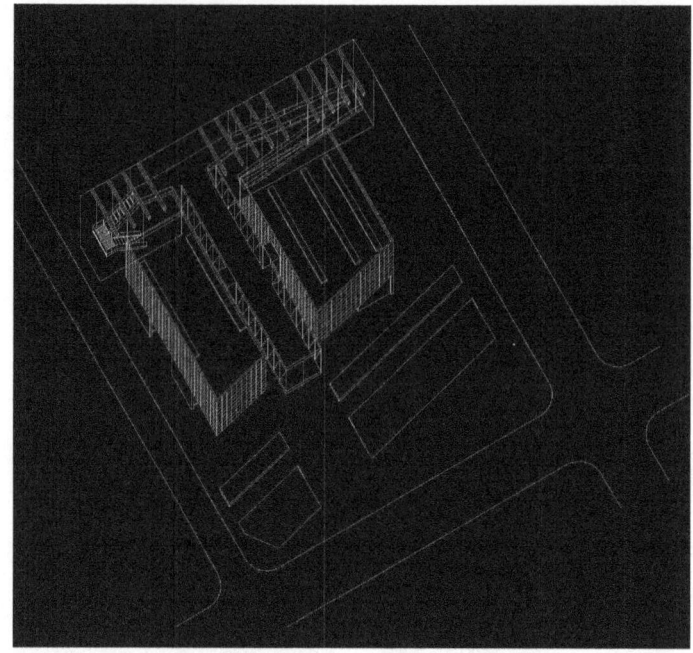

Mauricio Pedra Corvera

EL PROYECTO ARQUITECTÓNICO

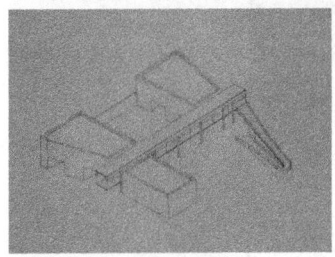

Juan Martín Canto

Virginia Pagliarecci

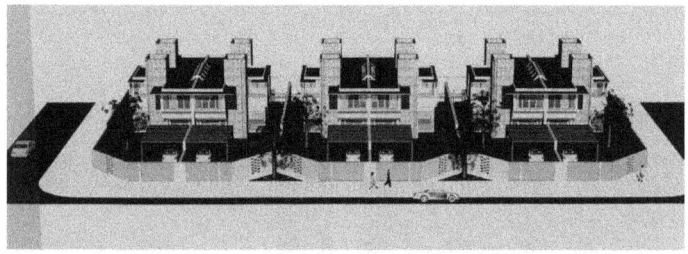

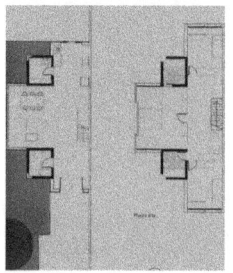 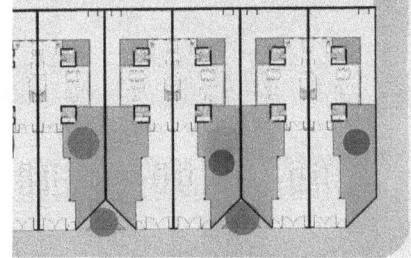

Juan Martín Canto

ANEXO
PAUTAS PARA LA FUNDAMENTACIÓN
DEL TRABAJO PROYECTUAL

Una deuda con los estudiantes

Los docentes suelen descuidar el entrenamiento de sus alumnos para afrontar los momentos claves del curso: la exposición oral, la defensa de sus trabajos. Se habla mucho de "lo que se debe aprender", pero poco se asesora sobre las técnicas y destreza a utilizar en el examen, en el momento culminante del aprendizaje. La falta de preparación para exponer y el desconocimiento de las formas de presentación gráfica y oral de los trabajos suelen ser, en gran medida, las causas de las frustraciones del estudiante. La carencia de un plan para resolver la instancia evaluatoria coloca al estudiante en una posición muy difícil; el examen termina siendo un momento perturbador, que angustia y paraliza: se vuelve traumático.

¿Hemos adquirido un conocimiento si no podemos expresarlo, si no logramos comunicarlo? Es posible que dediquemos mucho tiempo a estudiar, incluso creer que sabemos mucho, pero si fallan las estrategias utilizadas para exponer o estamos inhibidos por carencia de recursos adecuados es un síntoma preocupante; advierte que falta poner a punto nuestras ideas.

Es conocido el esfuerzo de ensayo y preparación al que están sujetos los artistas y los deportistas. Debemos saber que aún el profesor responsable y experimentado prepara su clase, construye un guión sintético de los temas a desarrollar, organiza de manera anticipada las secuencias de imágenes a utilizar y hasta practica previamente para ajustar el tiempo que va a demandar su exposición.

Por lo general, la improvisación está condenada al fracaso, sobre todo a quienes tienen menos experiencia. Por el contrario, practicar (ensayar) consolidará nuestra posición frente al proyecto: el entrenamiento no es un acto mecánico, sino una acción creativa que ayuda a superarnos.

La actividad proyectual es esencialmente reflexiva, por ello en la etapa propositiva se van construyendo premisas y fundamentos que deberán quedar explícitos al exponer el trabajo. El ejercicio de argumentar nos obliga a organizar y precisar nuestros pensamientos, nuestro marco teórico.

Preparar el examen

¿Qué significa realmente "elaborar" un examen? Los docentes dicen "preparen el examen", y los estudiantes solo se dedican a leer, memorizar, dibujar, etc., pero no "diseñan" el acto mismo del examen, no lo practican, no hacen los ensayos a través de los cuales sea posible descubrir fortalezas y debilidades para llevarlo adelante.

No podemos arriesgarnos a descubrir en el momento de la evaluación cuáles son nuestras dificultades para la exposición clara y coherente de nuestros conocimientos, de nuestros trabajos, de nuestras ideas. No hace falta aclarar que sin estudio, trabajo y reflexión responsable no hay astucia que sirva en un examen; debemos aceptar que sin un plan para llevar adelante el momento de la evaluación será difícil llegar a un resultado positivo.

Este texto trata de advertir sobre la importancia de este asunto y tiende a brindar algunas indicaciones y recomendaciones que pueden ser de gran utilidad en la circunstancia más importante del aprendizaje.

EL PROYECTO ARQUITECTÓNICO 157

Umberto Eco ha escrito un famoso texto sobre la realización de tesis, sus técnicas y procedimientos.[42] La obra es de gran ayuda para investigadores y para quienes preparan sus tesis de maestrías o doctorados. Si a estas personas, que tienen experiencia y práctica en los estudios superiores, es necesario proveerles de una guía y orientación para su trabajo, con más razón es preciso instruir y auxiliar a los estudiantes de grado en la elaboración de sus presentaciones en examen, en la exposición de sus trabajos, y para gran parte de las actividades habituales durante el curso. Veamos algunas recomendaciones.

Sea activo en el momento de evaluación

Un factor negativo en los exámenes es que el alumno se presenta como un velero a la deriva, sujeto a los vientos y tormentas al que será sometido: piensa que el profesor solo le hará preguntas y que debe contestar... Por el contrario, los docentes esperan que el alumno tenga iniciativa.

El estudiante debe preparar previamente su estrategia de examen, su plan para la presentación; debe estar provisto de una "estructura narrativa" elaborada y construida como instrumento para desarrollo de su exposición. Además, es importante que haya practicado frente a otros alumnos que pueden actuar como auditores, asesores y jueces. Lo ideal es que esta experiencia se realice en el curso, bajo la supervisión del docente.

Esta preparación es la única que nos brinda "seguridad". Con ella se arriba al examen con prácticas previas, con tranquilidad, ya que "se ha transitado la experiencia con antelación": conocemos los lugares que vamos a recorrer, no hay sorpresas, no hay misterios. Incluso se deben prever

---

[42] Eco, U., *Cómo se hace una tesis: técnicas y procedimientos de estudio, investigación y escritura*, México DF, Gedisa, 2000.

los recursos que nos pueden ayudar cuando la situación es desfavorable.

Hemos señalado que el primer traspié que comete el alumno en el examen es "esperar hasta que pregunten", o "callarse esperando que le otorguen un tema". Demuestre que como los toreros, ha entrado al ruedo "a matar", pero tampoco cometa el error de apresurarse en el desarrollo: muestre que sabe plantear el problema desde una visión abarcativa desde la cual dará lugar a los detalles.

Plantee el esquema global de lo que va a exponer y no pierda de vista, en este punto, que está rindiendo una materia, una asignatura, por lo tanto refiérase a ella en modo general y explique cómo se ubica en "el contexto de la carrera", sus grandes objetivos, demuestre que "sabe dónde está parado". Esto dará un marco más consistente a los temas particulares.

Es importante reconocer que el examen es también una instancia de aprendizaje. Posiblemente el alumno tendrá que reconocer allí algunas fragilidades, algunos conflictos. Debe estar atento para enfrentar dificultades: prevea que deberá plantear algunas soluciones, proponer algunas alternativas que demuestren que es capaz de superar el error o la falta que le señalan.

También es el momento para declarar cómo se han superado otros obstáculos en el proceso del trabajo, dando ejemplo de las opciones que oportunamente consideró y de las razones que utilizó para la solución que propone: reflexione sobre su propia experiencia de aprendizaje. Evalúe *su* proceso.

Al hablar de la evolución registrada en el curso, no describa todas las coyunturas transitadas, sino los puntos de inflexión de la propuesta. Puede relatar cómo una idea se fue transformando en otra. No es preciso narrar todos los atajos de su recorrido histórico, sino señalar los puntos clave, hitos significativos, que representaron un avance conceptual.

Valore el momento del examen

El examen es una instancia significativa en el desarrollo del curso, no solo porque está en juego la aprobación de la materia, sino también porque es el momento de exponer y defender el esfuerzo realizado en el curso. Ya hemos visto que esta defensa solo se puede realizar si el proyecto ha sido fundado en una buena estrategia, desarrollado con tácticas pertinentes, y está adecuadamente presentado: no se puede defender lo indefendible.

La práctica de "exponer" el proyecto no solo es una experiencia necesaria durante la carrera, sino que es una obligada práctica cotidiana en la vida profesional del arquitecto. Como profesionales tenemos que saber exponer el proyecto, convencer y persuadir a nuestros clientes. Además, esta praxis es también una forma de verificación de la propuesta: cuantos más aspectos positivos señalemos, más seguros estaremos de las virtudes de nuestro proyecto.

Plantear cuáles son las formas correctas de construir la defensa del proyecto es a su vez tomar conciencia de los aspectos fundamentales que debemos considerar en nuestro trabajo proyectual: nos ayuda a autoevaluarlo.

Estas sugerencias no deben ser vistas como consideraciones posteriores al trabajo; por el contrario, deben ser consideradas desde el inicio de la práctica cotidiana en el taller, ya que lo que no se ha pensado con antelación difícilmente lo encontremos al final. Utilice estas indicaciones como una "ayuda-memoria" para la puesta a punto del proyecto, como modo de control permanente de la acción proyectual. Es primordial hacer uso de esta práctica durante el desarrollo del curso: exponer, debatir, criticar y evaluar debe ser una constante de gran valor pedagógico.

Organice la exposición del material de los paneles y la exposición oral sobre el proyecto

Una exposición oral ordenada permite una mejor transmisión del mensaje que deseamos comunicar, y requiere una preparación intencionada del material gráfico y de los modelos espaciales. A continuación, hacemos algunas consideraciones sobre la presentación oral.

Proponga un encuadre general a la exposición: hable del contexto del aprendizaje, ya que el examen no es un hecho aislado del curso. Un encuadre muy sintético debe señalar las grandes líneas que definen el proceso desarrollado: trate de situarlo en el desarrollo del curso (trabajo final, trabajo intermedio), en relación con otras materias afines (señale las transferencias).

Enuncie desde lo general a lo particular. Defina el tema y enumere sus objetivos particulares. Mencione los grandes problemas que propone el proyecto: el sitio, el programa, la implantación, la distribución, la tecnología utilizada, los costos estimativos, etc.

Explique la estrategia que fundamenta el desarrollo del proyecto. Señale con los elementos gráficos pertinentes y hable con propiedad. Justifique las decisiones tomadas. Pondere las soluciones adoptadas. Reitere aspectos significativos para consolidar el argumento. Mencione autores (utilizando citas apropiadas), aluda a obras como referentes, utilice información y conocimiento de otras asignaturas: Historia, Construcciones, Estructuras, etc.

Exprese las diversas relaciones que se plantean entre diferentes aspectos abordados en la asignatura: espacio / estructura / materialidad / usos / etc.

Es oportuno que inserte en su exposición categorías diferentes, pero debe distinguir entre:

- la razonable necesidad de establecer relaciones (vinculaciones justificables) entre los distintos aspectos del proyecto, y...
- la confusa mezcla azarosa de elementos o factores.

El primer punto implica una actitud positiva de establecer diferentes vínculos entre los componentes del proyecto, demostrando que existen interacciones que se potencian en la propuesta, por ejemplo: la relación entre estructura portante y expresión formal, o secuencia entre la estructura espacial interna y la externa.

El segundo es un error inadmisible, no es posible crear vínculos entre elementos que no los tienen o que darán falsas conclusiones.

Utilice el material de apoyo con criterio: elementos auxiliares, fotos, dibujos de síntesis en el pizarrón, maquetas de estudio. Despliegue toda la artillería. Disponga de otros aportes al proyecto que no necesariamente estén expuestos en los paneles; presente una lámina o una carpeta de bosquejos y estudios alternativos realizados. (Incorpore otros aspectos o temas no mencionados aquí).

No confunda el orden explicativo de lo dibujos con la narrativa sobre los fundamentos del proyecto de arquitectura. Debemos diferenciar entre la descripción de las láminas como instrumentos gráficos del proyecto y el otro relato que describe al proyecto desde la arquitectura: la explicitación de su argumento arquitectónico. Si bien ambos están vinculados, tienen un objetivo diferente, y de hecho una modalidad gráfica pertinente.

Si creemos conveniente hablar acerca de los dibujos como necesario momento de la exposición (posterior a una introducción general del trabajo), este debe ser planteado como un paneo que presenta el material producido con la finalidad de orientar la lectura del material gráfico: aclarar a quienes ven por primera ves la relación entre las distintas imágenes, y de ese modo, ayudar a una lectura correcta de los elementos que describen el trabajo.

- Explicar los dibujos y relacionarlos entre sí es una acción referida al estudio y la comprensión de las imágenes. Describir el contenido gráfico de las láminas es la enunciación de los elementos que hemos utilizado para elaborar, verificar y/o presentar el proyecto.
- Hablar del proyecto, construir su sentido y argumento arquitectónico es una acción referida a establecer los conceptos que sustentan la obra. Explicitar el proyecto, describir o exponer las cualidades y características arquitectónicas de la obra, requiere, precisamente, de un discurso "desde la arquitectura".

Cada uno de estos dos relatos deben ser "diseñados", deben ser pensados previamente. Por lo tanto, es necesario establecer las secuencias y la coordinación apropiada entre ellos para hacer más eficiente nuestra exposición.

Por un lado, especificar el adecuado orden de los dibujos y sus relaciones requiere pensar, preverlos de forma anticipada. Las imágenes deben ser presentadas con una intención, con una disposición que ayude a su rápida comprensión.

Recordemos que hay dibujos que "muestran la obra" y hay dibujos que "demuestran" los argumentos utilizados: interpretan la propuesta desde un pensamiento arquitectónico.

Exponer (explicar y fundamentar) el proyecto exige construir y establecer un orden de prioridades, una clara secuencia de ideas (narrativa) que permitan desarrollar los conceptos fundantes, y por ello, las estrategias utilizadas deben estar avaladas por gráficas pertinentes, modelos espaciales apropiados, etc.

Demuestre una actitud comprometida

Trate de emplear formas de expresión que impriman una posición personal frente al problema: No diga: "me quedó" como si fuera algo ajeno a su voluntad, como si no lo hubiera pensado mucho, o "me salió" como si hubiera actuado de manera inconsciente.

Demuestre con su lenguaje que el proyecto ha sido particularmente considerado por usted y cada acción es producto de un responsable accionar proyectual. Por ejemplo: "Propuse esta configuración espacial...". "Como elementos constructivos utilicé...". "Fijé estas condiciones ambientales para el proyecto:...". "Como base para definir la volumetría he considerado la relación entre la normativa sobre densidad edilicia y las formas urbanas existentes".

Es corriente que en un proyecto afloren soluciones cuyo origen no podemos establecer: surgen del inconsciente, incluso de la casualidad, pero debemos rescatarlas, capitalizarlas y hacerlas explícitas.

Valore su esfuerzo personal, su responsabilidad con el trabajo. Explicite su empeño en el proceso proyectual: demuestre que el resultado del proyecto no es trivial, sino que es el consecuente producto de analizar, estudiar y evaluar diversas opciones: "Elaboré o investigué otras posibilidades (señalarlas), pero seleccioné esta opción porque es la más adecuada (fundamentarla)".

Haga su propia evaluación

Explicite su experiencia, su evolución personal. Mencione los distintos aportes a su formación y al crecimiento personal en la disciplina.

Respecto de su proyecto, señale las ventajas de la propuesta, pero también mencione los problemas o dificultades. Si las elecciones han sido correctas, seguramente los aspectos positivos compensarán algunos puntos menos logrados del proyecto.

Es natural que en la búsqueda de soluciones a la propuesta se plantee la "necesidad de negociar", es decir, elegir alternativas que incluyan de manera simultánea algunos aspectos positivos y otros aspectos negativos. Nuestra opción arquitectónica debe quedar justificada dentro de un prudente balance de opciones. Demuestre que ha administrado bien los valores positivos / negativos que eventualmente surjan.

Argumente y fundamente la toma de decisión realizada, pero no soslaye los problemas. Si tiene que reconocer aspectos conflictivos, trate de incluir la forma de compensación utilizada y que ha definido su elección: "Los accesos han quedado un poco lejos de los estacionamientos, pero de esa manera los vehículos no interfieren el área peatonal"; o "la estructura del depósito tiene grandes luces y probablemente no sean las más económicas, pero tienen la condición de posibilitar una libertad de acción que permitirá un uso más libre y flexible de la planta. El costo puede compensarse con el uso de grandes vigas prefabricadas que reducen el tiempo de obra, son significativamente potentes y dan una fuerte expresión al espacio que generan".

Cierre la exposición

Cierre cada parte de la exposición con un comentario que reafirme las principales ideas utilizadas. Plantee el cumplimiento de los objetivos del trabajo.

No finalice su exposición "porque ya no tiene más nada que agregar". No dé la sensación de agotamiento, sino llegue al final expresando con convicción y reafirmando con seguridad su posición frente al trabajo realizado.

Señale también los momentos de conclusiones parciales: "...el proyecto se ha definido con la intención de buscar una síntesis entre los problemas que planteaba el programa y una singular adecuación de la forma a las demandas del sitio".

La valoración final debe ser la oportunidad para revisar sintéticamente las cualidades más importantes del proyecto y las más significativas operaciones proyectuales empleadas.

Aprenda a enfrentar las críticas

Si durante la exposición los profesores plantean algún problema o cuestionan alguna solución, responda con propuestas para reajustar el proyecto: escuche con atención las críticas, y si las considera oportunas, señale su disposición para superar el problema que le plantean.

No trate de excusarse con motivos tontos cuando le señalan algún error o la falta de material: proponga correcciones, modificaciones, adaptaciones. Recuerde que un proyecto está sujeto a eventuales ajustes, pero no contradiga los argumentos que lo fundamentan.

El examen es también un momento de crecimiento. Los profesores apreciarán su aptitud para comprender la crítica, su capacidad de reacción y su solvencia en la respuesta.

Advertencias prácticas

Escriba previamente los puntos fundamentales del trabajo.
Emplee un grabador para analizar su exposición.
No utilice muletillas, frases hechas.
Si es necesario, haga una pausa para reordenar sus ideas.

Construya y replantee su propio plan

Estas observaciones no deben tomarse como una receta, sino como estimulante ayuda-memoria que debe completarse y enriquecerse progresivamente: un instrumento concerniente a las cuestiones fundamentales del proyecto arquitectónico a ser consideradas desde el primer momento del cotidiano trabajo del taller. La persistente práctica reflexiva que se intenta impulsar no se refiere solo a los momentos del examen o la evaluación final, sino a una permanente acción que recorre todo el proceso de aprendizaje. Esta práctica incorporada como una actitud indisoluble en el trabajo proyectual generará una formación sólida para la *fundamentación* y *producción* de las propuestas.

ORIGEN DE LAS ILUSTRACIONES

Todas las fotografías corresponden a trabajos o a momentos de clases y reflexiones críticas realizados por alumnos del curso de Diseño Arquitectónico II de la Facultad de Arquitectura de la UAI, sede Rosario, en los cursos 2005/2009.

Las metáforas del artículo "El ambiente pedagógico en la enseñanza del proyecto" están ilustradas con imágenes de *El Tesoro de la Juventud o Enciclopedia de los Conocimientos*, W. M Jackson, Inc., Editores, The Colonial Press of Clinton, Massachusetts, Circa, 1940.

LOS AUTORES

Fernando N. Boix se graduó como arquitecto en la Universidad Nacional del Litoral en 1966, y como profesor universitario en Artes Visuales en la Facultad de Desarrollo e Investigación Educativos de la UAI, en el año 2004. Es Profesor Honorario de la UNR. Actualmente es profesor concursado de Diseño Arquitectónico II en la Universidad Abierta Interamericana. Se ha desempeñado como Profesor Titular concursado en la Universidad Nacional de Rosario en las asignaturas Introducción a la Arquitectura y Expresión Gráfica I de la FAPyD UNR. En gestión se ha desempeñado como Secretario Académico de la FAPyD de la UNR, y es miembro del Consejo Asesor de la Facultad de Arquitectura de la UAI. Es investigador categorizado en el Sistema Nacional de Investigación, evaluador de proyectos de investigación y par evaluador de la CONEAU. También, Director de Proyectos de Investigación de la Secretaría de Ciencia y Técnica de la de la UNR y UAI. Ha publicado libros y trabajos relacionados con la gráfica, el patrimonio y el proyecto arquitectónico. En el ámbito profesional, fue Director del Programa de Actualización Normativa de la Secretaría de Planeamiento de la Municipalidad de Rosario. Sus obras de arquitectura han sido publicadas en revistas y libros nacionales e internacionales.

Adriana M. Montelpare es arquitecta, graduada en la Facultad de Arquitectura, Planeamiento y Diseño de Universidad Nacional del Litoral, en 1981. Profesora Titular concursada en la Universidad Nacional de Rosario en la asignaturas Expresión Gráfica I y Expresión Gráfica II; Profesora Adjunta de Diseño Arquitectónico II en la Universidad Abierta Interamericana, sede Rosario; Profesora Titular de Morfología Gráfica I en la carrera de Diseño Gráfico de la Escuela Superior de Diseño N° 4048 de Rosario. Ha realizado estudios de posgrado en la Maestría en Educación Universitaria en la Facultad de Humanidades y Artes de la Universidad Nacional de Rosario. En gestión se desempeña como Coordinadora de la Comisión Asesora de Investigación en la Facultad de Arquitectura de la Universidad Abierta Interamericana, sede Rosario. Ha publicado artículos y ponencias a nivel local, nacional e internacional. Se ha desempeñado como miembro de comités científicos y miembro evaluador de numerosos congresos nacionales e internacionales. Es investigadora categorizada en el Sistema Nacional de Investigación. Ha publicado libros y trabajos relacionados con la docencia y la investigación.

www.ingramcontent.com/pod-product-compliance
Lightning Source LLC
Chambersburg PA
CBHW020804160426
43192CB00006B/428